ITÁLICA ROMANA

Historia, urbanismo,
arquitectura y escultura
de la antigua ciudad

JAIME LOZANO

Editado y publicado en 2022 por Lucy Valiente
lucyvalienteryf.wixsite.com/escritora

Reservados todos los derechos.
Queda rigurosamente prohibida, sin la autorización escrita de los titulares del Copyright, bajo las sanciones establecidas en las leyes, la reproducción parcial o total de esta obra por cualquier medio o procedimiento, incluidos la reprografía y el tratamiento informático, así como la distribución de ejemplares mediante alquiler o préstamo públicos.

La victoria y la derrota se mezclaban, confundidas, rayos diferentes de la misma luz solar.

Marguerite Yourcenar

CONTENIDO

INTRODUCCIÓN	8
HISTORIA	14
URBANISMO	32
Murallas	38
Suministro de agua	42
Calles	45
ARQUITECTURA	50
Edificios para espectáculos	53
Termas	70
Templos	75
Casas y mosaicos	86
ESCULTURA	122
BIBLIOGRAFÍA	158

INTRODUCCIÓN

En esta obra se realiza un estudio de las manifestaciones artísticas de la época romana desarrolladas en Itálica, entendidas estas manifestaciones como el urbanismo, la arquitectura, los mosaicos y la escultura de la ciudad, con el objeto de ofrecer una visión holística y pormenorizada que acerque, con fundamento académico, el patrimonio italicense al público general. Se ha excluido la pintura porque apenas se conservan restos de ella.

A través de descripciones y valoraciones propias de la Historia del Arte, con el apoyo de un material gráfico mayoritariamente original, se establecen las comparaciones más oportunas para contextualizar dichas manifestaciones artísticas, tanto con respecto al ámbito peninsular como en el resto del territorio romano.

La información se ha dividido en apartados, correspondientes a las diversas artes y, además, uno dedicado a la historia de la ciudad, puesto que este es el método de clasificación que suele dar una visión más completa, a diferencia de la mera sucesión de piezas como en un catálogo.

En el primer apartado, la historia de Itálica, se relatan los principales avatares de la ciudad desde su fundación hasta la llegada de los bárbaros, incluyendo algunos apuntes sobre la historia de las excavaciones acometidas en la ciudad. Todo ello con el objeto de darle un contexto a las manifestaciones artísticas que vamos a ver.

Posteriormente se trata la primera de las artes: el urbanismo de la ciudad, entendiendo esta como una unidad formada por la zona arqueológica actual, promovida *ex novo* por el emperador Adriano, y la zona que se encuentra debajo del pueblo de Santiponce, anterior pero remodelada en la misma época. Se analiza el trazado de las murallas, cómo se acometió la traída y distribución de aguas en la primera zona, tan necesaria para los edificios públicos (especialmente las termas), y la trama urbana de este mismo barrio nuevo, en la que se insertan como en una malla todos los edificios que se describen a continuación.

En el tercer apartado, especialmente extenso, se estudia la arquitectura mediante los principales edificios públicos y privados. Primero los públicos, siguiendo la línea del urbanismo, que están clasificados según su función, sean lúdica, termal o religiosa, y no de manera aislada uno a uno. Dentro de cada función se ha establecido un orden cronológico, marcado por el hito que supone la ampliación adrianea. Así, los edificios públicos para espectáculos están encabezados por el teatro, iniciado en época augustea, seguido del anfiteatro, y luego las termas, con las Termas Menores, de Trajano, antes de las Mayores, y por último los templos, tipología en la que no se hallan ejemplos significativos previos ni posteriores a Adriano. Aquí el protagonista es el *Traianeum*, habida cuenta de que los otros dos ejemplos de templos destacables se encuentran adheridos al teatro y al anfiteatro, y por tanto se ha creído más adecuado estudiar cada uno con sus respectivos alojamientos.

En lo que se refiere a los edificios de índole privada, se analizan las casas italicenses, tanto las viviendas propiamente dichas, es decir, pensadas para el alojamiento de una familia, como los edificios destinados a otro tipo de usos. Se disponen estos últimos en primer lugar, debido a que albergaban a un colectivo y por tanto no eran tan privados como las viviendas (siguiendo el discurso de la promoción pública establecido hasta ahora), y se destaca el ejemplo que supone la Casa de la Exedra. Entre las viviendas, la más significativa es la Casa de los Pájaros, por ser su organización interna paradigma del resto de casas italicenses.

Se estudian los mosaicos que decoran sus estancias. Aunque los mosaicos italicenses no son en general de tanta calidad como las mejores esculturas de la ciudad, merecen un espacio en esta obra, aunque sea por su valor emblemático dentro del yacimiento. En todas las obras de arquitectura doméstica italicense, como en la romana en general, la decoración arquitectónica estaba muy ligada a la propia construcción, razón por la que se han analizado los mosaicos más destacados al tiempo que las casas en las que se ubicaban. A estos mosaicos conservados *in situ* se añaden, por su valor artístico, dos ejemplos descontextualizados que se encuentran uno en el Museo Arqueológico de Sevilla y el otro en el palacio de la condesa de Lebrija.

El último apartado lo constituye la escultura, la manifestación artística más destacable de Itálica. Se incluyen aquí tanto la estatuaria como los retratos y también algunas piezas ornamentales. Se ha intentado dar una visión de conjunto de la escultura italicense mediante una introducción, en la que se tratan las características generales de las piezas encontradas. Después se desarrolla el análisis de una selección de piezas, en función de su valor artístico y representativo, siguiendo la historia de la ciudad en época romana desde los años de la República hasta la Tetrarquía, sirviéndose del discurso histórico y no de la división por temas ni por piezas para dar una visión de conjunto y de contexto.

HISTORIA

En el año 218 a.C., la larga contienda que mantenían Roma y Cartago por el dominio del Mediterráneo desembocó en la Segunda Guerra Púnica. Su conclusión, en el 201 a.C., significó la rendición de Cartago acordada entre Aníbal y Escipión el Africano.

Fue este general romano quien, en el 206 a.C., fundó la primera ciudad romana de la *Hispania Ulterior* con el propósito de asentar a los soldados heridos en la batalla de *Ilipa* (Alcalá del Río). Estos hombres eran en su mayoría italianos, razón por la cual, de acuerdo con Apiano[1], Escipión escogió para el emplazamiento el nombre de *Italica*. La nueva ciudad se ubicó estratégicamente en una zona de fértiles tierras, cercana a un río navegable y capaz de controlar la producción minera serrana.

Roma penetró primero en las regiones peninsulares más explotadas y colonizadas por sus antecesores, la zona andaluza y la levantina, el resto fue tomado de manera lenta y desigual, permitiendo que el sur estuviera al final fuertemente romanizado. Fundó las ciudades

---

[1] APIANO: *Las guerras ibéricas*. Valencia, 1882, pp. 67-68. Edición a partir de los escritos de este historiador romano del siglo II d.C.

tanto en emplazamientos nuevos como ya poblados, introduciendo una homogeneidad territorial no conocida hasta el momento en la Península.

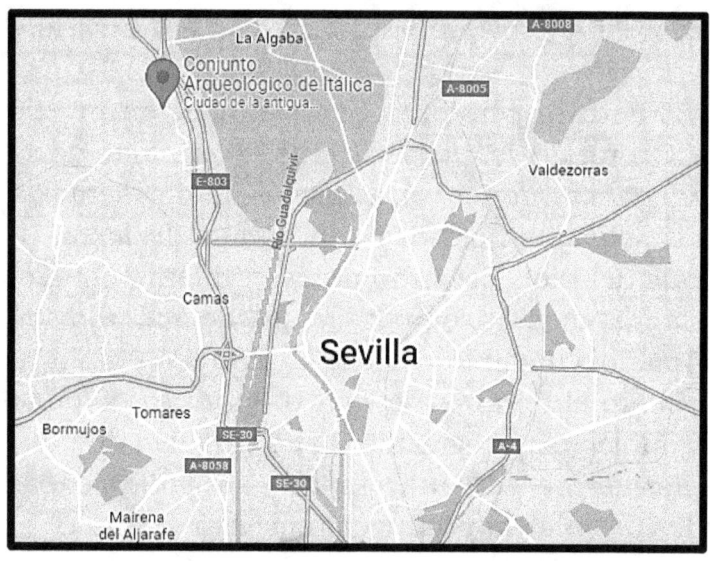

Localización actual de Itálica

El proceso de urbanización del territorio fue una de las claves para conseguir su integración, pretensión de los conquistadores desde el momento en que decidieron establecerse de manera permanente, a lo que se sumaron la práctica administrativa y la política tanto económica como cultural y de infraestructuras, romanizando poco a poco toda *Hispania* y generando la conciencia de pertenecer a un orden común. Otras ciudades participaron de esta urbanización inicial, destinadas a la defensa del Guadalquivir y el Ebro y a la explotación de las riquezas mineras, como fueron *Tarraco* (Tarragona), también fundada por Escipión para el alojamiento de las guarniciones, o *Corduba* (Córdoba)[2].

En la etapa republicana no conocemos cuál sería el estatuto jurídico de Itálica, por lo que no sabemos cuáles serían las relaciones de la ciudad con la metrópoli, algo que como veremos repercute en las manifestaciones artísticas. Roma mantuvo la misma política recaudadora que los cartagineses y esto provocó un levantamiento generalizado de los hispanos en el sur peninsular, que fue duramente reprimido por los romanos. Años después, cuando se dieron las guerras contra celtíberos y lusitanos, sabemos que Itálica participó de forma activa en ellas. Con el conflicto entre *optimates*, representados por el que fuera dictador Sila, y populares, encabezados por el general Mario,

---

[2] CANTO Y DE GREGORIO, Alicia: "Algo más sobre Marcelo, Corduba y las colonias romanas del año 45 a.C.", *Gerión*, 15, 1997, p. 274.

tío de Julio César, podemos distinguir una característica de la ciudad y de la provincia en general que se mantendrán en el futuro: la lealtad a Roma y al gobierno *optimate*, y el apoyo a Cneo Pompeyo y su familia.

Con Julio César nos encontramos, por fin, una política colonizadora racional en la Península. El general elevó el estatuto jurídico de varios enclaves y llevó a cabo más acomodaciones de veteranos. No está claro si Itálica fue en estos momentos convertida en municipio, dado su filopompeyismo, pero sí podemos constatar este hecho en la numismática augustea[3]. César concedió el estatuto municipal a poblaciones que le habían permanecido fieles, como fue el caso de *Gades* (Cádiz), mientras que otras ciudades recibieron castigo por traicionarle[4], como como *Corduba*, a la que dotó del estatuto colonial llevándola a perder su autonomía y subyugarse a la metrópoli. Otra ciudad rebelde en el sur fue *Hispalis* (Sevilla), asimismo fundada como colonia por César en el 45 a.C.

---

[3] ZEVALLOS, Fernando de: *La Itálica*. Sevilla, 1983, p. 38.
[4] CANTO Y DE GREGORIO, Alicia: "Algo más…, op. cit., p. 276.

En el año 27 a.C. el emperador Augusto dividió la *Hispania Ulterior* en dos provincias, habiendo apaciguado definitivamente el territorio hispano: la *Baetica* y la *Lusitania*. Realizó una gran labor urbanizadora al incluir numerosas nuevas colonias, entre ellas *Augusta Emerita* (Mérida), capital de la *Lusitania*. *Corduba* quedó capital de la *Baetica* y *Tarraco* de la provincia *Tarraconensis*, en la *Hispania Citerior*. Muchas ciudades se monumentalizaron, especialmente las tres capitales, con el deseo de mostrar lealtad pública al emperador y de competir entre sí[5]. Esta época y la trajano-adrianea se corresponden con los momentos de mayor actividad edilicia en Itálica, esfuerzos que en tiempos augusteos se centraron especialmente en el ámbito del foro y el teatro. Como en otras zonas del Imperio, la iniciativa y los recursos precisos para llevar a cabo la mayoría de las construcciones procedían en su mayor parte de la élite urbana[6].

En los siguientes años se gestó en Itálica

---

[5] KEAY, Simon: "Early roman Italica and the romanisation of western Baetica", CABALLOS RUFINO, Antonio y LEÓN ALONSO, Pilar (eds.): *Itálica MMCC. Actas de las Jornadas del 2.200 Aniversario de la Fundación de Itálica*. Sevilla, 1997, p. 190.
[6] *Ibídem*.

una clase dirigente con grandes aspiraciones políticas, siendo durante el gobierno de Vespasiano la ciudad de la *Baetica* de la que surgía un mayor número de senadores. Algunos de ellos parecen ser familiares tanto de Trajano (*Traius, Ulpius*) como de Adriano (*Aelius*). Durante el siglo I d.C. la ciudad se convirtió en un referente cultural romano en la Península Ibérica, frente a la importancia económica y administrativa de la vecina *Hispalis*. En el siglo II d.C. alcanzaría su mayor esplendor.

Los emperadores Trajano y Adriano eran procedentes de esta ciudad y, como relata Dión Casio[7], se mostraron generosos con ella, particularmente Adriano, quien le concedió el estatuto colonial, de mayor prestigio que el municipal[8], así como una nueva imagen acompañada de una importante ampliación hacia el norte. La ciudad pasó a denominarse *Colonia Aelia Augusta Italicensium* y se convirtió en un hito del progreso y lujo urbanos.

La subida de Trajano al trono romano tuvo

---

[7] Citado por GARCÍA Y BELLIDO, Antonio: *Colonia Aelia Augusta Itálica.* Madrid, 1960, p. 21.
[8] El discurso de Adriano ante el Senado, conservado por Aulio Gelio, deja de manifiesto los privilegios que entonces tenían los municipios frente a las colonias.

lugar en el año 98, siendo el primer provincial en alcanzar semejante logro político. El emperador enseguida se distinguió por el respeto a la tradición y, sin perder poder, otorgó unas posibilidades al Senado que había perdido años atrás. Con sus conquistas, condujo al Imperio a su etapa de mayor expansión territorial. Falleció en el 117 y fue de inmediato divinizado, realizándosele honores durante años.

Es en estos momentos que Itálica obtuvo su mayor grado de romanización, cuando encontramos a algunas familias de la ciudad en los cargos más altos de la administración imperial. Estas familias pudieron, desde sus respectivas posiciones, favorecer frecuentemente construcciones edilicias. Aunque contamos con escasa epigrafía que nos permita unir su figura con Itálica, el emperador se distinguió por un afán constructivo significativo y es muy probable que este enclave recibiera su atención, especialmente en arquitectura y urbanismo.

Las obras promovidas por Trajano se caracterizan por su pragmatismo, destacando las calzadas y los puentes, como es el caso en *Hispania* del Puente de Alcántara. En Itálica es posible que llevara a cabo las Termas Menores y también iniciase la ampliación de la ciudad[9], aunque esta en su gran mayoría obedezca a los esfuerzos de su sucesor.

Adriano alcanzó el título de emperador en el año 117, oficialmente habiendo sido adoptado en el lecho de muerte de Trajano[10]. Su amplia formación griega se evidencia en su gran labor urbanizadora en todo el Imperio, renovando y construyendo multitud de ciudades a las que imprimió caracteres helenísticos. Al igual que hizo con las ciudades que realizó en honor a Plotina y Antinoo, dedicó la ampliación de Itálica a una persona con la que había mantenido un vínculo estrecho. Quiso honrar y rendir culto a Trajano, como si de un héroe griego se tratase, al tiempo que, en la práctica, contentaba al clan italicense ante las circunstancias en las que había sido elegido emperador.

---

[9] CORZO SÁNCHEZ, Ramón: "La fundación de Itálica y su desarrollo urbanístico", en JIMÉNEZ SALVADOR, José Luis y RIBERA I LACOMA, Albert (coords.): *Valencia y las primeras ciudades romanas de Hispania.* Valencia, 2002, pp. 123-135.

[10] Trajano no había dejado claro quién sería su heredero, fue su mujer Plotina quien aseguró a Adriano como sucesor del emperador, en agradecimiento de lo cual este le habría dedicado un templo en Nimes.

Su política cambió radicalmente con respecto a la de Trajano, restándole poder al Senado y consolidando las fronteras del Imperio. Pretendió gobernar personalmente cada rincón del territorio romano y ello le llevó a realizar múltiples viajes a las provincias para controlar la gestión de sus gobernadores, pero no regresó a Itálica desde que marchó de ella tras pasar algunos años en su juventud. Sí visitó *Hispania* en el 122, y en *Tarraco* aceptó otorgar el estatuto colonial y restauró el templo de Augusto, una muestra del favor con el que Adriano distinguió a otras numerosas ciudades. A la inversión imperial, no obstante, se unía el desembolso de las autoridades municipales y también el de las grandes familias.

La ampliación de Itálica es lo que actualmente constituye el Conjunto Arqueológico de Itálica, siendo el asentamiento inicial, el centro histórico de la ciudad, lo que hoy yace bajo el casco urbano de Santiponce. Cuenta con un entramado de calles anchas excepcional, de gran amplitud, un largo acueducto, una red de alcantarillado extraordinaria, magníficas construcciones públicas y lujosas mansiones particulares.

Pese a todo ello, el declive de esta zona comenzó pronto, observándose reutilizaciones de material ya con la llegada de los Severos al poder. La ampliación terminó en el abandono, concebida como había sido para mayor gloria de los Antoninos, y en el siglo III d.C. la ciudad se replegó hacia poco más que su localización primitiva. Las razones podemos encontrarlas en el cambio de las condiciones económicas, sociales y políticas que tuvo lugar con el cambio de dinastía, más que en el tradicional bujeo de aquellas tierras[11]. La ciudad había sido un proyecto imperial y la falta de este apoyo debió afectarla gravemente, y a esto se unieron la paulatina pérdida de poder que sufrieron las familias senatoriales ibéricas a la muerte de Adriano, la alteración del cauce del río y el crecimiento económico que estaba experimentando la vecina *Hispalis*. La ciudad se sumió en un declive que no logró superar y que por otro lado afectaba a toda la provincia y al Imperio en general.

---

[11] RODRÍGUEZ HIDALGO, José Manuel: "Reflexiones en torno a la Itálica de Adriano", *Habis*, 18-19, 1987-1988, pp. 588-589. La primera vez que se formuló la idea fue en CANTO Y DE GREGORIO, Alicia: "Excavaciones en el Pradillo (Itálica): un barrio tardío", *Excavaciones Arqueológicas en España*, 121, 1982, pp. 236.

Durante el gobierno de Marco Aurelio, los *mauri* invadieron la Bética en dos ocasiones e Itálica se vio amenazada[12]. Septimio Severo, por su parte, llegó a cabo una reorganización del Estado que significó la aparición de una nueva nobleza en la que no participaban los italicenses. Aunque en esta época se constata una pequeña recuperación de la ciudad, con algunas reformas urbanísticas entre las que destaca la intervención en el teatro.

A partir del año 235 se sucedieron los emperadores, una situación de inestabilidad política a la que se sumó una crisis económica que afectó especialmente a la administración de las ciudades, perjudicando su actividad evergética. En los últimos momentos del Imperio asistimos a una nueva etapa de cierta actividad en Itálica, con reelaboraciones de esculturas, dedicaciones a emperadores tardíos, reformas y reparaciones de mosaicos, así como evidencias de la presencia del cristianismo.

Con la venida de los pueblos bárbaros llegó el final del Imperio occidental. Itálica debió de

---

[12] CABALLOS RUFINO, Antonio: "Hitos de la historia de Itálica", en CABALLOS RUFINO, Antonio (ed.): *Itálica-Santiponce. Municipium y Colonia Aelia Augusta Italicensium.* Roma, 2010, p. 12.

resentirse con la entrada de los vándalos en Sevilla y con las luchas entre los visigodos de la segunda mitad del siglo VI, durante las cuales tuvo lugar la restauración de las murallas de la ciudad por Leovigildo[13]. A partir de este momento se encuentran pocas menciones sobre Itálica, todas ellas dedicadas a sus obispos.

Escasas son, asimismo, las informaciones conservadas del periodo musulmán, a partir del año 711, pero nos permiten deducir que en el siglo XII Itálica era ya un lugar ruinoso y utilizado como cantera que se conocía como "Campos de Talca". La ciudad se integró en territorio cristiano con la conquista de Sevilla por Fernando III, en 1248, y acabó en manos de Alonso Pérez de Guzmán y María Alonso Coronel, quienes en 1301 lograron fundar el monasterio de San Isidoro en las proximidades de las ruinas romanas[14].

En el siglo XVI, diversos estudiosos sevillanos, como Luís de Pedraza o Ambrosio de Morales, se interesaron por Itálica, buscando en ella reivindicar las raíces clásicas de Sevilla. El

---

[13] ZEVALLOS, Fernando de: *La Itálica...*, op. cit., p. 155.
[14] Tanto el privilegio real de Fernando IV como la carta de dotación del monasterio los podemos encontrar reproducidos en *ibídem*, pp. 204-207.

estudio crítico de las fuentes clásicas permitió devolver su auténtico nombre a aquellas viejas ruinas romanas. Tuvieron lugar las primeras intervenciones arqueológicas y diversos visitantes acudieron a las ruinas para verlas en persona, dejando para la posteridad numerosos grabados, descripciones y composiciones poéticas. Fueron los monjes de San Isidoro quienes se ocuparon de acompañarlos, así como de recoger las primeras inscripciones y esculturas italicenses, que se guardaron en el monasterio.

En el año 1602 el pequeño pueblo cercano de Santiponce sufrió una riada que provocó que sus vecinos tuvieran que trasladarse a un emplazamiento más elevado, ocupando parte de la ciudad romana e impidiendo con ello el posterior estudio completo de sus restos.

Durante el siglo XVIII se sucedieron los estudios sobre Itálica a la par que el expolio de sus ruinas, al tiempo que se dieron excavaciones arqueológicas de entidad. Las primeras excavaciones oficiales fueron propiciadas por el rey Carlos III, coincidiendo con las que se habían llevado a cabo en Pompeya y Herculano, y fueron dirigidas por Francisco de Bruna. Es en esta época cuando salieron a la luz algunas de las mejores esculturas italicenses, como son las colosales estatuas heroicas de Trajano y Adriano.

En el siglo XIX continuaron los expolios. Durante la Guerra de la Independencia, tanto franceses como ingleses se llevaron algunas piezas italicenses a sus países. No obstante, el gobierno de José Bonaparte fue el que tomó las primeras medidas de protección del yacimiento. Finalizado el conflicto Itálica sufrió su época de mayor destrucción, especialmente en lo que se refería al anfiteatro. En 1839 se realizaron nuevas excavaciones, de la mano de Ivo de la Cortina, y encontramos la destacable labor de Demetrio de los Ríos a partir de 1860, sobre todo centrado en el anfiteatro. Ya en las postrimerías del siglo XIX excavó las ruinas, entre otros, Archer Milton Huntington, cuyos hallazgos acabaron en la Hispanic Society de Nueva York.

Las intervenciones en Itálica continuaron en el siglo XX, así como el expolio, favorecido por un intenso comercio de antigüedades que provocaba incontroladas excavaciones a principios de siglo. Esto supuso tanto la desaparición como la descontextualización de numerosas piezas. Tenemos el caso destacable de la condesa de Lebrija, Doña Regla Manjón, quien se hizo con una colección que hoy día se encuentra en la casa de sus descendientes en la calle Cuna sevillana.

En el año 1912 el yacimiento se declaró Monumento Nacional, siendo uno de los primeros de España, y se otorgó un presupuesto regular que permitió iniciar una serie de rigurosas excavaciones, cuyas memorias se fueron publicando de manera periódica. Los primeros trabajos se centraron en el anfiteatro y estuvieron a cargo de Rodrigo Amador de los Ríos. En 1924 intervino Andrés Parladé, conde de Aguiar, con inéditas excavaciones a gran escala en las calles y casas de Itálica, presionado como estaba por las exigencias turísticas de la cercana Exposición Iberoamericana. Juan de Mata Carriazo le sucedió en 1933, trabajando junto con Francisco Collantes de Terán en la misma zona que Parladé.

Transcurridas la guerra y la posguerra, después de unos años sin intervenciones significativas, José María Luzón se encargó de las excavaciones en Itálica en 1970. Luzón sacó a la luz las casas del Planetario y la Cañada Honda, algunos cientos de metros de calles, parte de las Termas Mayores, y confirmó la existencia de un asentamiento turdetano previo al romano mediante trabajos en el Pajar de Artillo. En la década de 1980 destacan sobre todo los trabajos de Pilar León en el *Traianeum*, así como la constitución del Conjunto Arqueológico de Itálica (en 1989).

En las postrimerías del siglo, José Manuel Rodríguez Hidalgo dirigió un proyecto para el estudio de los restos ocultos de la ciudad romana, que consistió en el empleo de un método no agresivo denominado prospección geofísica. El resultado fue el descubrimiento de nuevas estructuras, especialmente murallas, calles y edificios, cuyas exhumaciones podrán preverse y llevarse así a cabo de una manera mucho más racional que hasta el momento.

Los trabajos modernos en Itálica se han ido encaminando principalmente hacia la investigación, conservación y difusión de todo aquello que se ha excavado durante más de doscientos años.

URBANISMO

En la ciudad de Itálica se pueden distinguir hoy en día dos zonas (fig. 1): las ruinas romanas por un lado, al noroeste, que se corresponden con la ampliación adrianea y pueden ser visitadas por el público, y por otro lado el resto de la ciudad, ubicada debajo de Santiponce, al sureste.

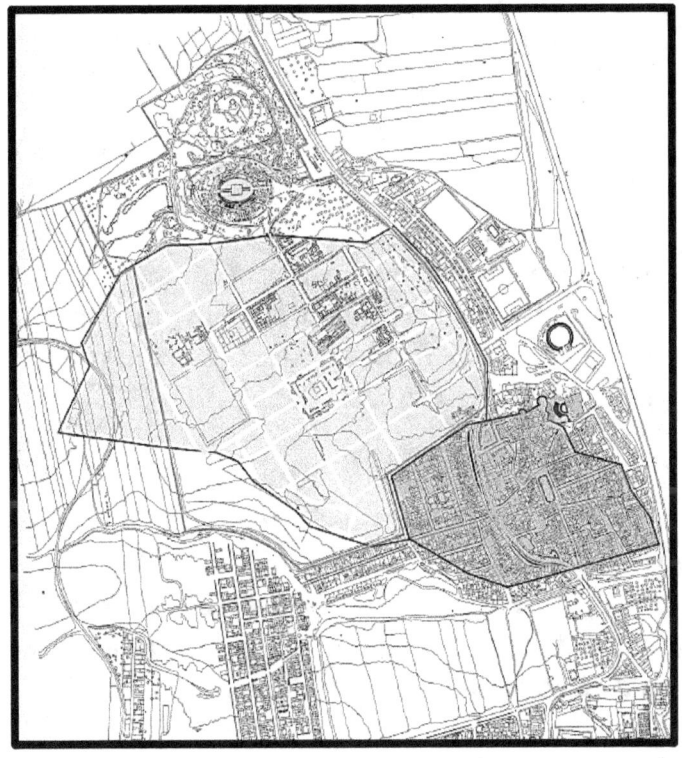

Fig. 1. Plano de Itálica, con la ciudad preadrianea (derecha) y la ampliación, según Rodríguez 1997

De la primera zona tenemos un conocimiento significativo, gracias tanto a las excavaciones arqueológicas como a las prospecciones geofísicas. Sin embargo, la segunda zona, identificable con el centro histórico de la ciudad, donde se hallaría el foro, permanece siendo en gran parte una incógnita para todos nosotros.

García y Bellido[1] denominó respectivamente ambas zonas como *nova urbs* y *vetus urbs*, a fin de diferenciar la Itálica tras la intervención de Adriano de la anterior. No obstante, estos términos están actualmente en desuso debido a que parecen indicarnos dos ciudades distintas, cuando Itálica es una sola ciudad que cuenta, eso sí, con una historia urbanística dividida en varias etapas.

La ciudad romana se ubicó sobre un asentamiento turdetano existente desde el siglo IV a.C., al menos[2]. La superposición de Santiponce provoca que ambos sean hoy objeto mayormente de hipótesis. Las estratigrafías llevadas a cabo en la zona señalan a construcciones

---

[1] GARCÍA Y BELLIDO, Antonio: *Colonia Aelia...*, op. cit.
[2] LUZÓN NOGUÉ, José María: "Excavaciones en Itálica. Estratigrafía en el Pajar de Artillo", *EAE*, 78, 1973.

realizadas a base de piedra y adobe.

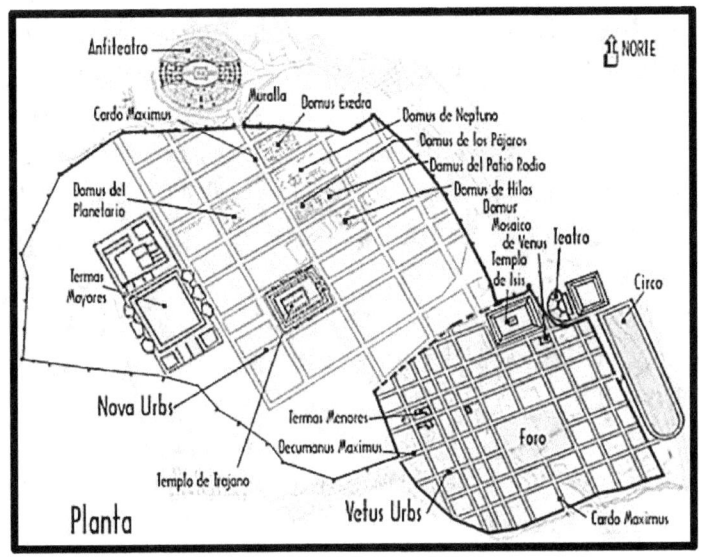

Plano de Itálica con los edificios principales

En el año 206 a.C. se establecieron las tropas romanas en la ciudad, y aunque no contamos con datos suficientes para saber el modo en que lo hicieron, parece ser que respetaron en parte la traza urbana turdetana, pues se mantuvieron algunas orientaciones, así como la técnica constructiva[3]. También pudiera ser

---

[3] HIDALGO PRIETO, Rafael: "En torno a la imagen urbana de Itálica", *Romula*, 2, 2003, p. 95.

que los romanos se sirvieran de una planificación ortogonal propia de una fundación de tipo militar semejante a otras de la época[4]. Es probable que ambos asentamientos, romano y turdetano, no se encontrasen entonces separados de manera clara[5], sino más bien mezclados con una mayoría de población indígena[6]. Hay que tener en cuenta que en esos momentos la ciudad no se distribuía en dos colinas como actualmente, cosa que sucedió con la construcción de la carretera a Mérida en el siglo XIX[7].

De la época republicana no tenemos datos que nos ayuden a establecer los límites de la

---

[4] CANTO Y DE GREGORIO, Alicia: "La *Vetus Urbs* de Itálica, quince años después. La planta hipodámica de D. Demetrio de los Ríos, y otras novedades", *Cuadernos de prehistoria y arqueología*, 25.2, 1999, pp. 145-191.

[5] R. Corzo defiende la hipótesis de la *dipolis* en CORZO SÁNCHEZ, Ramón: "Organización del territorio y evolución urbana en Itálica", *EAE,* 121, 1982, pp. 299-319.

[6] HIDALGO PRIETO, Rafael: "En torno..., op. cit., p. 95. A favor del sinecismo y en contra de la *dipolis* se manifestó A. Canto en primer lugar en CANTO Y DE GREGORIO, Alicia: "Die Vetus Urbs von Italica. Probleme ihrer Gründung und ihrer Anlage", *MM*, 26, 1985, pp. 137-148.

[7] CABALLOS RUFINO, Antonio, MARÍN FATUARTE, José y RODRÍGUEZ HIDALGO, José Manuel: *Itálica arqueológica*. Madrid, 2006, p. 56.

ciudad, así como la distribución de sus calles y casas, pero es probable que Itálica mantuviera características indígenas fuertes[8]. Los restos hallados de muralla al norte y este de la ciudad se han datado ya en época de Augusto, momento en el que Itálica participó de las mejoras urbanas que vivieron muchas de las ciudades hispanas. Es entonces cuando la ciudad adquirió una verdadera imagen romana[9], en consonancia con otros enclaves como la vecina *Hispalis*. Sabemos muy poco también de esta etapa. Urbanísticamente destaca el foro, cuya ubicación más probable se sitúa junto a la avenida de Extremadura del actual Santiponce[10].

---

[8] HIDALGO PRIETO, Rafael: "En torno...", op. cit., p. 95.
[9] KEAY, Simon: "Early roman...", op. cit., p. 190.
[10] *Ibídem*, p. 190. Keay vio más probable esta hipótesis de R. Corzo (1982) frente a la de A. Canto (1985) de que el foro se hallase en las proximidades de la Plaza de la Constitución.

Murallas

El recinto murario de Itálica, como el de otras ciudades romanas del momento, suponía no solo una delimitación física del espacio urbano, contrapuesto al rural, también la protección religiosa frente al caos exterior, contrario al orden interno, como asimismo un límite político y administrativo, y un símbolo de la propia ciudad y sus ciudadanos. Escasos son los restos con los que contamos de las murallas italicenses, debido fundamentalmente al enorme saqueo del que han sido víctimas a lo largo del tiempo, pero sí podemos saber gran parte de su trazado, gracias a las excavaciones y prospecciones realizadas, y con ello comprender las diversas modificaciones sufridas en función de las distintas necesidades de la ciudad.

Con anterioridad a la intervención adrianea, Itálica alcanzó una superficie próxima a las 14 hectáreas, que estaba delimitada por las murallas augusteas. Esta superficie se vio incrementada hasta las 51 hectáreas a principios del siglo II d.C, cuando se llevó a cabo la ampliación de la ciudad. Itálica alcanzó entonces su mayor expansión, con una población de unos 10.000 habitantes, y levantándose un nuevo recinto murario. El tamaño de la ciudad era mayor que la media del Imperio, siendo superado en *Hispania* solo por las capitales provinciales y los grandes enclaves comerciales, como por ejemplo *Corduba*, con una extensión de unas 75 hectáreas[11]. Sin embargo, lejos quedaban estas ciudades provinciales de las grandes urbes de la Antigüedad, como lo fue Roma, con sus casi mil hectáreas y su millón de habitantes.

Al norte de la ciudad, cerca del anfiteatro, se halla un tramo de muralla de época de Adriano, cuyo grosor indica que contaba con un carácter más simbólico que defensivo, algo propio de las murallas romanas del momento. Tiene un basamento de hormigón sobre el que se alzaba un muro de sillares, con torres de base cuadrada dispuestas a intervalos regulares. Hay aquí uno de los accesos a la ciudad, accesos que conducían a vías en dirección principalmente a *Hispalis* y a las dos capitales provinciales más próximas. En torno a estas vías se distribuían las necrópolis italicenses, como sucedía en otras ciudades romanas.

---

[11] GARCÍA Y BELLIDO, Antonio: *Colonia Aelia...*, op. cit., p. 76.

Todo el territorio imperial estaba conectado mediante una extensa red de vías de comunicación tanto terrestres como marítimo-fluviales, que especialmente facilitaban el comercio y el desplazamiento militar, pero también servían para el intercambio cultural.

De fines del siglo III o inicios del IV d.C. serían los restos de muralla que aparecieron en las prospecciones geofísicas de los años noventa[12], que atraviesan la ampliación adrianea reduciendo la superficie de Itálica hasta las 27 hectáreas. Esta parte del recinto murario de la ciudad se habría levantado con motivo de las invasiones de los pueblos norteafricanos. Aunque también es posible que estos restos sean más tardíos, y que lo que sucedió en esos momentos fue tan solo el progresivo despoblamiento de la ampliación adrianea, proceso semejante al de otras ciudades como *Tarraco*[13].

A finales del siglo VI d.C., en época visigoda,

---

[12] RODRÍGUEZ HIDALGO, José Manuel: "La nueva imagen de la Itálica de Adriano", en CABALLOS RUFINO, Antonio y LEÓN ALONSO, Pilar (eds.): *Itálica MMCC...*, op. cit., p. 105.
[13] HIDALGO PRIETO, Rafael: "En torno...", op. cit., pp. 121-122.

contamos con la referencia histórica de la restauración de las murallas a manos de Leovigildo, momento en el que se habría edificado este recinto murario para delimitar la zona entonces ocupada.

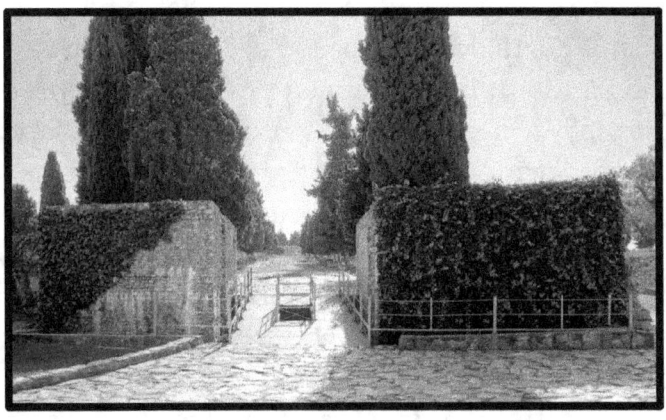

Fragmento de muralla junto al anfiteatro (puerta norte)

Suministro de agua

El barrio adrianeo se construyó merced a fondos estatales y locales y de acuerdo con la normativa urbana promulgada por Nerón a partir del incendio de Roma en el año 64 d.C[14]. Forma parte de un proceso de renovación de la imagen de Itálica en época de Adriano, a fin de adaptar la ciudad al gusto de raíz helenística del emperador y de hacerla digna de su nuevo estatus de cuna de emperadores. En su diseño se utilizó un trazado ortogonal (fig. 1) que, por un lado, serviría a la distribución de las aguas, y por otro ubicaría en grandes manzanas tanto los edificios públicos como los privados. Como era habitual, las vías se orientaron a los puntos cardinales.

Este tipo de trama urbanística regular era común a otras ciudades hispanas, como la capital de la *Baetica*, pero había otras de urbanismo más irregular, como Munigua, en las que la adaptación al terreno adquiría un peso mayor que la estética. No obstante, en Itálica también se tuvo muy en cuenta la topografía a

---

[14] GARCÍA Y BELLIDO, Antonio: *Colonia Aelia...*, op. cit., p. 80.

la hora de construir. La superficie ampliada abarca unas 38 hectáreas, pero no llegó a urbanizarse en su totalidad.

Lo primero que se acometió fue el abastecimiento de agua, para lo cual se prolongó el acueducto del siglo I d.C.[15] hasta un total de 37 kilómetros. Realizado en hormigón recubierto de ladrillo, con tramos aéreos y subterráneos, tiene un extremo inicial en las proximidades de Paterna del Campo (Huelva) y uno final que desembocaba en un depósito denominado *castellum aquae*, ubicado en el interior del barrio nuevo. Este depósito se colocó en la zona más alta de la ciudad, al oeste, para distribuir el agua mediante tuberías de plomo hasta los edificios públicos (especialmente las termas) y fuentes públicas. De estas fuentes, localizadas en su mayoría en los cruces de las calles, manaba continuamente agua, y la que no era utilizada contribuía, junto con el agua de lluvia, al mantenimiento de las cloacas.

El siguiente paso fue realizar la red de alcantarillado para la evacuación de las aguas, que debía coincidir con el trazado de las calles. El

---

[15] CANTO Y DE GREGORIO, Alicia: "El acueducto de Itálica", *MM,* 20, 1979, pp. 282-338.

terreno del solar del barrio adrianeo es ondulado y se alza sobre dos vaguadas, que se aprovecharon para realizar los dos principales colectores de la red, dirigidos hacia el río. Una de estas vaguadas se encuentra dentro del barrio, actualmente conocida como Cañada Honda, mientras que la otra se usó en la construcción del anfiteatro, a las afueras de las murallas. Las cloacas cuentan con muros de ladrillo y están cubiertas por bóveda de hormigón de medio punto y de sección triangular. El tamaño de las cloacas dependía de la zona del barrio en la que se hallaran, pero todas permiten ser recorridas por una persona.

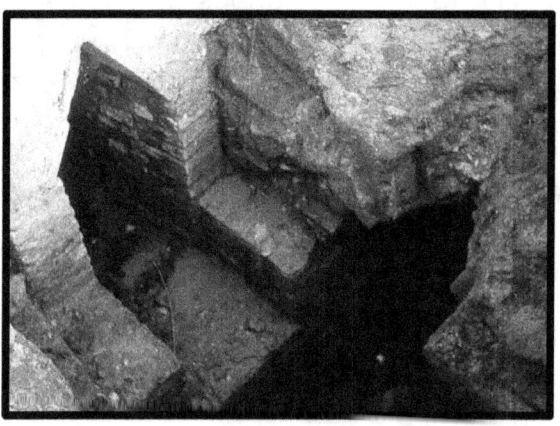

Vista de las cloacas

Calles

Las calles se acometieron con gran anchura y la calzada se flanqueó con amplias aceras cubiertas con pórticos, que protegían al viandante del sol y de la lluvia (fig. 2). Las suaves colinas del terreno determinaron calles en pendiente con sus pórticos escalonados, así como manzanas en terrazas.

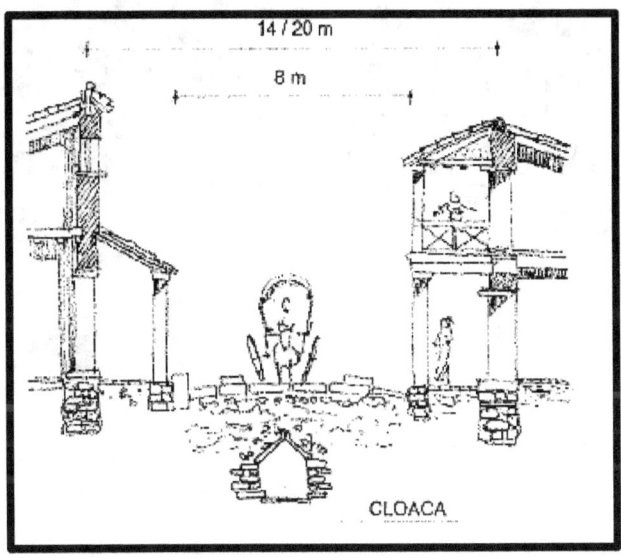

Fig. 2. Sección transversal de las calles de Itálica, según Jaramillo 2000

Las calles corrieron siguiendo la red de alcantarillado, aunque, a causa de la topografía, el eje central de las calles no coincide en todo momento con las cloacas. La calzada está abombada en su parte central con el propósito de hacer correr el agua de lluvia junto al bordillo, y se pavimentó con losas de piedra de Tarifa con forma poligonal (fig. 3).

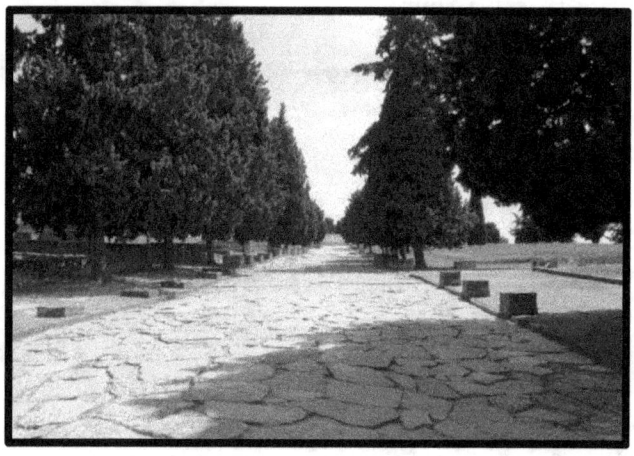

Fig. 3. Vista del Cardo Maximus desde la puerta norte de la muralla

La ortogonalidad de las calles italicenses era cosa común en el occidente del Imperio, en donde solían haber dos vías principales denominadas *cardo* y *decumanus maximus*. No eran tan habituales las dimensiones que alcanzaron las calles del barrio adrianeo, con hasta 16 metros de anchura destinando 8 a calzada. Las aceras contarían pues con 4 metros cada una. Las calles italicenses son solo comparables con las de ciudades del Mediterráneo oriental, como Palmira o Éfeso. En Pompeya, por ejemplo, la amplitud de las calles es de 10 metros de media.

La distribución de los edificios, especialmente los públicos, se planeó con anterioridad a la materialización del proyecto, aprovechando la topografía. Así, por ejemplo, el templo dedicado a Trajano o *Traianeum* se ubicó en un alto para que destacase en la zona. Todos los edificios se localizaron en manzanas o *insulae* que, pese al trazado ortogonal, son irregulares debido a las características del terreno. La mayoría cuenta con una planta rectangular, adoptando las demás formas triangulares al entrar en contacto con la muralla de manera oblicua o con la parte antigua de la ciudad. Estas manzanas triangulares pudieron estar destinadas a zonas verdes, que venían a evitar que las casas se adosaran al recinto murario[16].

---

[16] LUZÓN NOGUÉ, José María: *La Itálica de Adriano*. Sevilla, 1975, p. 42.

Los espacios públicos, de acuerdo con el urbanismo helenístico, están diseñados con una amplitud enorme, ocupando una manzana completa, mientras que, por lo general, dos viviendas se reparten una manzana, de dimensiones además menores. Los pórticos que cubrían las aceras rodeaban a las casas en todo su perímetro, impidiendo que se pudieran realizar ampliaciones o anexiones que habrían ido modificando el plan urbano original.

El abandono de la ampliación adrianea se produjo de forma progresiva, a tenor de las tardías transformaciones que tuvieron lugar en la ciudad, especialmente en las casas. Se ocuparon entonces los pórticos de las calles de forma precaria, instalándose separaciones mediante muros y tabiques para crear habitáculos. Este proceso de declive de Itálica es comparable con otras ciudades peninsulares y tiene su inicio en el siglo III. Un ejemplo es *Corduba*, donde se ocupó parcialmente con viviendas la plaza de la actual calle Claudio Marcelo.

La imagen de Itálica se fue ligando cada vez más al desarrollo del cristianismo y su perímetro funerario adquirió, como era habitual en otras ciudades, una nueva importancia, estableciéndose en él nuevas necrópolis. La Iglesia italicense heredó la labor evergética de la aristocracia romana.

ARQUITECTURA

Tanto la red de alcantarillado, como las calles y el abastecimiento de agua del barrio adrianeo son servicios públicos que fueron llevados a cabo de una vez, siguiendo un proyecto previo, y utilizando la misma técnica constructiva. Ello dota a todas estas obras de gran uniformidad, una característica que hallamos asimismo en la muralla y en algunos de los edificios públicos, y que se contrapone sustancialmente a lo que vamos a ver en las construcciones privadas.

Con todo, ambas promociones son muestra de la opulencia de la ciudad en época adrianea, y debemos tener en cuenta que sus características no son en principio extrapolables al resto de la ciudad. En su construcción se tuvo en cuenta la acción de las arcillas expansivas de la zona[1], tomándose algunas precauciones en el momento de edificar y también posteriormente, con reformas que trataron de paliar dichos efectos, aunque ni unas ni otras obtuvieron demasiado éxito al final.

---

[1] JARAMILLO MORILLA, Antonio, DE JUSTO ALPAÑÉS, José Luis y ROMERO HÉRNANDEZ, Rocío: "Cimentaciones y construcciones en arcillas expansivas: de la Itálica romana al PP-1 de Santiponce (Sevilla), en GRACIANI, Amparo (coord.): *Actas del Tercer Congreso Nacional de Historia de la construcción*. V. 1. Sevilla, 2000, pp. 537-544.

En Itálica contamos con destacados edificios públicos destinados a espectáculos, al baño y al culto religioso. La mayoría de ellos se encuentran en la ampliación adrianea del siglo II d.C. Con anterioridad a dicha intervención conservamos algunos restos del foro de la ciudad, el lugar donde se encontraban ubicados los edificios principales, pero de este periodo los hallazgos más destacados se corresponden con el teatro y con unos baños públicos conocidos como Termas Menores. El conocimiento que tenemos del foro es más bien escaso y en gran medida merced a los trabajos de Ivo de la Cortina. Aquí se ubicarían, como en otras ciudades romanas, la basílica y la curia, destinadas al gobierno civil, el *tabularium* o archivo, el *macellum* o mercado y los templos, así como elementos de tipo conmemorativo como columnas o arcos de triunfo.

Edificios para espectáculos

Entre las construcciones para el divertimento de los ciudadanos romanos destacan en Itálica el teatro y el anfiteatro, siendo probable que la ciudad contase asimismo con un circo[2]. El desarrollo de los espectáculos estaba unido a la celebración de los juegos, que servían para resaltar la importancia de algún acontecimiento como por ejemplo el ascenso de un ciudadano a un determinado cargo público. Los juegos eran organizados por las autoridades o por personajes pudientes de la ciudad, reportando a estos últimos reconocimiento social y acceso al gobierno civil.

Teatro

En el teatro se llevaba a cabo la representación de obras dramáticas, tanto trágicas como cómicas. Los romanos tomaron este espectáculo del mundo helenístico y se sirvieron de la tipología griega, aunque introdujeron algunas modificaciones. Principalmente, encontra-

---

[2] La evidencia principal de la existencia de un circo en Itálica es el perdido Mosaico del Circo. En el circo o hipódromo se llevaban a cabo carreras de caballos o carros.

mos que el graderío o *cavea* de los teatros griegos descansa sobre una colina y presenta planta ultracircular, mientras que en los romanos apoya en galerías y su planta es semicircular. El espacio que cobija la *cavea*, denominado *orchestra*, es semicircular en los teatros romanos, siendo circular en los griegos. Y por último destacan los cambios presentes en el escenario o *proscaenium*, el cual es de mayor tamaño en los teatros romanos.

Este tipo de espectáculos alcanzó gran popularidad entre los antiguos romanos, por lo que las autoridades añadían propaganda del gobierno, destacando los actos religiosos en honor a la familia imperial que a menudo introducían las obras, y también controlaban lo que allí se representaba, habida cuenta de la influencia que sobre la plebe lograron alcanzar determinados actores.

El teatro italicense se localiza en el casco urbano de Santiponce, al este de la ciudad romana y a las afueras de su recinto murario. Tiene una estructura semejante a la de otros teatros romanos (fig. 4), con la *cavea* formando un semicírculo que cobija la *orchestra*. El *proscaenium* cierra el semicírculo y cuenta con una fachada alta denominada *scaenae frons*, tras la cual se ubica una plaza porticada.

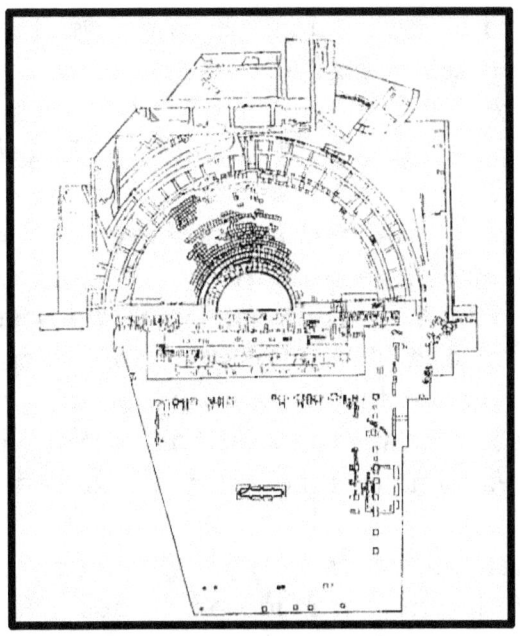

Fig. 4. Planta del teatro, según Corzo 1993

Las proporciones del edificio, como sucedía normalmente en otros teatros romanos, son modestas en relación con circos y anfiteatros. La *cavea* tiene un diámetro de unos 37 metros, con capacidad para unos 3.000 espectadores, y el *proscaenium* mide unos 40 metros de largo. El *scaenae frons* cuenta con una altura de 15 metros.

Entre los años de César y los inicios de la dinastía Flavia se llevaron a cabo en *Hispania* la mayoría de los teatros romanos. La construcción del teatro italicense se inició en época augustea[3], al igual que la de otros muchos teatros hispanos como el de *Gades* o *Emerita Augusta*, y a partir de entonces, durante los tres siglos que permaneció el edificio en uso, recibió diversas reformas que fueron alterando su aspecto. Las intervenciones principales se acometieron cuando su construcción y con Tiberio, en época trajano-adrianea y durante los Severos, y estuvieron destinadas tanto a reparaciones como a embellecimiento del edificio.

La *cavea* contaría como remate con un deambulatorio porticado por el que se accedería al edificio. Tras este deambulatorio existen restos de una rampa que podría haber sustentado una escalinata[4]. En esta zona superior se construyó en época adrianea una gran terraza, con una planta rectangular con exedras sobresalientes semejante a la que veremos en las Termas Mayores y en el *Traianeum*. Aquí se localizaron algunas de las más importantes esculturas italicenses halladas hasta la fecha.

Como era habitual en los teatros romanos,

---

[3] CORZO SÁNCHEZ, Ramón: "El teatro de Itálica. Teatros romanos de Hispania", *Cuadernos de arquitectura romana*, 2, 1993, p. 161.
[4] *Ibídem*, pp. 162-163.

la *cavea* se dividió en tres zonas denominadas *ima*, *media* y *summa cavea*, y el público se ubicaba en ellas en función de su estatus social. Las autoridades tenían reservados asientos de honor en la *orchestra*. Las tres primeras gradas, de mármol y más anchas que las demás, se destinaban a las personas más importantes, separadas del resto de la *cavea* mediante un parapeto o *balteus* semicircular y un pasillo. El *balteus* se realizó con losas de mármol polícromo africano y blanco de Almadén[5], y no es uniforme ni en material ni en diseño, debido a las restauraciones que necesitó ya desde antiguo a causa de su fragilidad. En esta zona privilegiada encontramos un ancho pedestal de mármol decorado con palmetas, que quizás sirviera como lugar de honor para el emperador[6]. El resto del público ocupaba los asientos libres, permitiéndose a las mujeres y esclavos sentarse solo en la *summa cavea*.

---

[5] El mármol utilizado en el teatro italicense en la época augustea procede en su mayor parte de canteras locales, de acuerdo con RODRÍGUEZ GUTIÉRREZ, Oliva: "Los *marmora* en el programa arquitectónico y decorativo del teatro romano de Itálica: antiguas hipótesis, nuevas propuestas y posibles certezas a la luz de las aportaciones de los análisis de microscopía óptica de polarización", NOGALES BASARRATE, Trinidad (ed.): *Marmora hispana: explotación y uso de los materiales pétreos en la Hispania romana*. Roma, 2008, pp. 231-259.

[6] CORZO SÁNCHEZ, Ramón: "El teatro…, op. cit., p. 168.

En el pavimento de la *orchestra* se halla una inscripción de época tiberiana. En ella aparecen los nombres de los comitentes de la parte central del teatro, pontífices del culto al emperador Augusto surgido tras su muerte, junto con aquello que donaron: "hechos a sus expensas la orquesta, el proscenio, los caminos, las aras y las estatuas"[7]. Toda esta zona estaría recubierta de mármoles y ricamente adornada con pinturas y piezas escultóricas. Este mismo tipo de promociones pueden verse en otras ciudades romanas, como fue el caso de Pompeya, cuyo teatro fue remodelado en estos mismos años gracias a los esfuerzos de los Holconii[8]. El muro que separa la *orchestra* del *proscaenium*, alzándolo, presenta entrantes rectangulares y semicirculares dispuestos de manera alterna (fig. 5), así como decoración pictórica de datación diversa. Aunque son solo fragmentos, se distingue un marco rojo y azul oscuro que encierra motivos figurativos, peces y guirnaldas de hojas, desarrollados sobre un fondo amarillento.

---

[7] CABALLOS RUFINO, Antonio, MARÍN FATUARTE, José y RODRÍGUEZ HIDALGO, José Manuel: *Itálica...*, op. cit., p. 89.
[8] LEÓN ALONSO, Pilar: *Esculturas de Itálica*. Sevilla, 1995, p. 21.

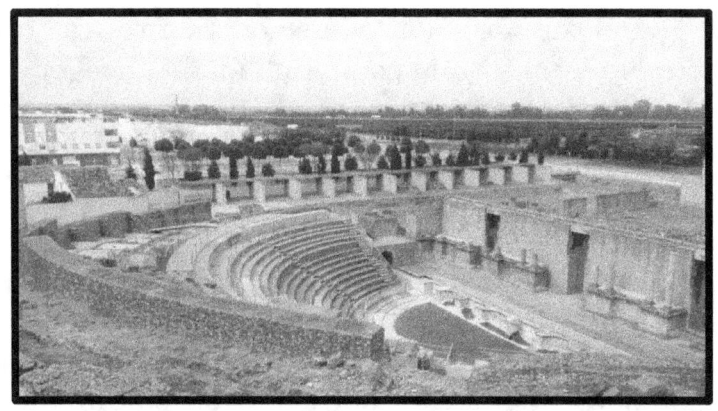

Fig. 5. Vista general del teatro

En los entrantes del muro se colocaron cuatro aras, la mayoría en época tiberiana. Una de ellas y dos esculturas de ninfas que se hallaron sobre el muro son ya de principios del siglo III d.C., momento en el que se renovaron los mármoles de la *scaenae frons*. El *proscaenium*, el espacio donde se desarrollaban las representaciones teatrales, consistía en un entarimado de madera bajo el cual se encontraba ubicada la maquinaria encargada de bajar y subir el telón, así como de cambiar los decorados. La *scaenae frons* presentaba dos órdenes superpuestos, con tres accesos entre los que se colocaron podios para sustentar pares de columnas (fig. 5). El efecto de entrante y saliente que resulta era algo fundamental en la escenografía romana.

La plaza porticada que se encuentra tras el *scaenae frons* tenía como finalidad el acoger a los espectadores durante los descansos o en momentos de climatología adversa. Tiene forma casi trapezoidal (fig. 4) y mide unos 44 por 39 metros. Estaba ajardinada, con un pequeño estanque rectangular central de perfiles interiores curvos y rectangulares alternados. El frente ubicado justo tras la *scaenae frons* es de época augustea y sucesor y su columnata era de piedra arenisca estucada, dentro de la tradición constructiva de la época, con pedestales alargados en los intercolumnios presumiblemente destinados a estatuas ecuestres[9]. Los tres frentes restantes se fechan a principios del siglo II d.C. En el centro de uno de estos frentes, el pórtico norte, se levantó un templo dedicado a Isis en época de Adriano. Este templo ocupa el ancho de seis columnas, era por tanto hexástilo, y presenta una planta rectangular (fig. 6). Delante de cada columna se colocaron pedestales para estatuas, entre las cuales es probable que se encontrase una cuya cabeza se halló en la zona, y que corresponde a una sacerdotisa[10].

---

[9] CABALLOS RUFINO, Antonio, MARÍN FATUARTE, José y RODRÍGUEZ HIDALGO, José Manuel: *Itálica...*, op. cit., p. 137.
[10] CORZO SÁNCHEZ, Ramón: "Isis en el teatro de Itálica", *Boletín de Bellas Artes*, 19, 1991, p.127.

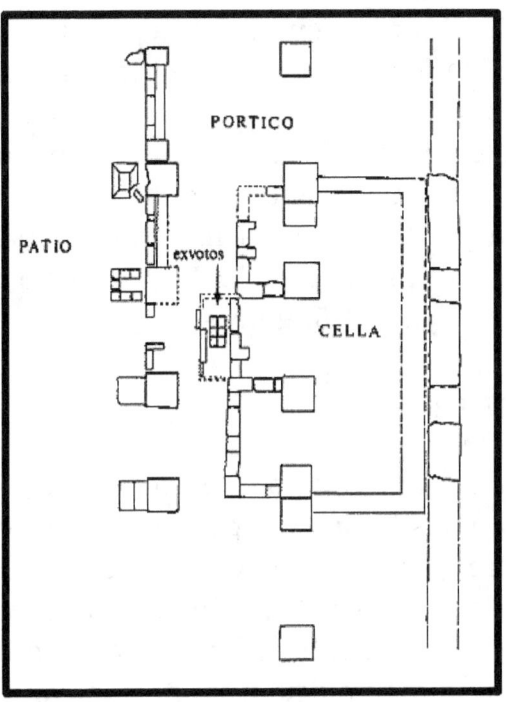

Fig. 6. Planta del templo de Isis, según Corzo 1993

En el suelo de la entrada del templo se encontraron cuatro placas de mármol, de distintas tonalidades, con siluetas de pies acompañadas de inscripciones. Se trata de lápidas votivas dedicadas a la diosa, y vendrían posiblemente a representar la presencia de la divinidad o del fiel que realizaba la ofrenda[11]. Con-

---

[11] *Ibídem*, p. 142.

tamos con otros ejemplos de este tipo de exvotos en Itálica, en la capilla del anfiteatro, y también en otras ciudades, como en el templo de Isis de *Baelo Claudia*. Tras la entrada hay una sala pequeña que hace de vestíbulo, flanqueada por otras dos semejantes, todas ellas abiertas a la sala principal del edificio o *cella*, que mide 9 por 3,5 metros.

Anfiteatro

En un anfiteatro romano tenían lugar básicamente dos tipos de espectáculos: los combates entre gladiadores y las luchas o cacerías de animales salvajes. En Itálica, el anfiteatro se comenzó a construir en época adrianea, cuando esta tipología ya había alcanzado en Roma su mayor desarrollo con el Anfiteatro Flavio, abierto al público en el año 80 d.C.

Nacidos en época republicana, los anfiteatros presentan una planta ovalada que es fruto de la conjunción de dos teatros (fig. 7). Este tipo de planta permitía una visión globalizada del espectáculo e impedía que los animales se arrinconasen en algún ángulo.

Los anfiteatros constan principalmente de una *cavea* que rodea una arena, separadas ambas mediante un muro alto o *podium*, el cual se hallaba muchas veces decorado con escenas de animales luchando. Como sucede con los teatros, la *cavea* está dividida en tres zonas. Hay en algunos anfiteatros una estructura subterránea en el centro de la arena, denominada *fossa bestiaria*, como es el caso de Itálica. Esta estructura servía para asistir los espectáculos, siendo aquí donde se localizaban las jaulas para los animales.

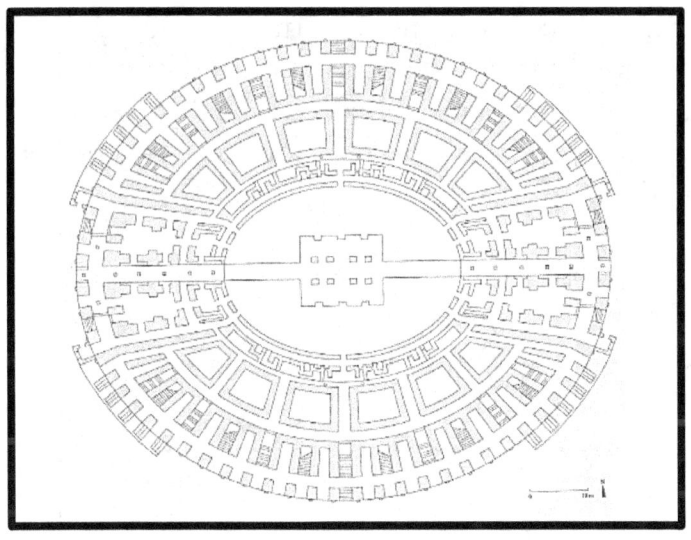

Fig. 7. Planta del anfiteatro, según León 2008

El anfiteatro de Itálica se localiza al exterior del recinto murario, próximo a uno de los accesos principales de la ciudad. En su eje mayor, que discurre este-oeste, aprovecha una de las dos vaguadas de la ciudad para elevar de forma natural la *cavea*. Esto permitía ahorrar tanto en tiempo de trabajo como en material de construcción.

El edificio se construyó a partir de un núcleo de *opus caementicium*, recubierto con *opus quadratum* de caliza en las zonas más visibles y con *opus testaceum* en las menos. Las partes más importantes se hallaban estucadas o revestidas con mármol. Algunos de los detalles ornamentales quedaron sin rematar, por lo que es posible que el edificio no llegase a concluirse[12] pese a contar con un uso prolongado[13].

Dispone de cuatro accesos. En el extremo este del eje mayor se ubica la *porta triumphalis*, el lugar por el que accedía la procesión inaugural previa al espectáculo, y en el extremo opuesto se encuentra la *porta libitinensis*, que

---

[12] CORZO SÁNCHEZ, Ramón: "El anfiteatro de Itálica", *El anfiteatro en la Hispania Romana*. Mérida, 1994, p. 192.
[13] Hasta comienzos del siglo V según BELTRÁN FORTES, José y RODRÍGUEZ HIDALGO, José Manuel: *Espacios de culto en el anfiteatro de Itálica*. Sevilla, 2004, p. 181.

se destinaba a la salida de los gladiadores caídos[14]. La *porta triumphalis* abre en la fachada principal del edificio y ante ella hay una explanada, con pavimentación de granito rosa realizada en el siglo XX. Se ha conservado poco de la fachada, pero debió de contar con la composición de órdenes superpuestos habitual en los anfiteatros romanos, teniendo en cuenta que el cuerpo inferior solo se podía desarrollar en los lados menores del edificio, pues es aquí donde lo permite la vaguada. Ambas fachadas cuentan con escaleras que comunicaban la entrada con la *media cavea*.

El edificio tiene unas dimensiones enormes, 152,8 por 130,6 metros, siendo uno de los mayores anfiteatros del Imperio y el más grande de *Hispania*[15]. Su aforo es difícil de estimar debido a que se desconoce la altura de la *summa cavea* o si esta se llegó a culminar, pero oscilaría entre las 20.000 y las 25.000 personas, una cantidad que supera con creces la población italicense. Los espectáculos de este anfiteatro, por tanto, estarían destinados al público de

---

[14] No todos los combates entre gladiadores eran a muerte, e incluso en los que sí, la vida del vencido quedaba en manos del emperador o de quien hubiera costeado los juegos.
[15] Solo es superado en tamaño por los de Roma, Capua y Pozzouli.

toda una amplia comarca[16]. Como en los teatros, la *cavea* se dividía en *ima, media* y *summa cavea*, pero, debido al intenso uso como cantera que se ha hecho del edificio, se encuentra escasamente conservada. La *ima cavea* era la más próxima a la arena y la destinada a los personajes más relevantes, y es aquí donde se encontraban las tribunas, en los extremos del eje menor, destinadas a las autoridades y patrocinadores de los espectáculos.

La entrada principal del edificio conducía a un pasillo amplio, que estaba en su día abovedado y pavimentado con losas de piedra de Tarifa. En estas losas encontramos tableros de juego dibujados, que también se encuentran en el teatro y en algunas calles del barrio adrianeo y que son buen testimonio de la vida cotidiana de la ciudad. Junto a estos dibujos, a intervalos regulares, se abren en el suelo huecos para iluminar una galería subterránea inferior que conduce a la *fossa bestiaria*. Hacia la mitad del pasillo se ubica una capilla dedicada a la diosa Némesis, que se mantuvo en uso hasta el siglo IV d.C. destinándose al culto de otras divinidades[17], y en ella encontramos

---

[16] GARCÍA Y BELLIDO, Antonio: *Colonia Aelia...*, op. cit., p. 110.
[17] BELTRÁN FORTES, José y RODRÍGUEZ HIDALGO, José Manuel: *Espacios...*, op. cit., pp. 128-136.

el mismo tipo de exvoto que en el templo de Isis del teatro.

En la arena se desarrollaban los espectáculos. Tiene forma oval y mide unos 70 por 47 metros. En su centro encontramos la *fossa bestiaria* (fig. 8), una estancia de planta rectangular con ocho pilares que la dividen en tres naves. La nave central, que se corresponde con el eje mayor del edificio, llega a comunicar en sus extremos con las galerías subterráneas bajo los pasillos de acceso al anfiteatro. El muro perimetral de la *fossa bestiaria* así como los pilares se construyeron en ladrillo e iban rematados ambos con sillares de piedra, y de este modo sustentaban el entarimado de madera que cubría esta estancia. El suelo de la *fossa* combina igualmente ladrillo y piedra, y en él se conservan las marcas de las jaulas que en su día se colocaban aquí[18].

El *podium* servía para favorecer la visión de los espectadores de la *ima cavea*, así como para protegerlos de aquello que acontecía en la

---

[18] CABALLOS RUFINO, Antonio, MARÍN FATUARTE, José y RODRÍGUEZ HIDALGO, José Manuel: *Itálica...*, op. cit., p. 106. La presencia de las jaulas en este lugar se puede deducir de las memorias de excavación de A. Parladé, quien en 1924 encontró trozos de hierro pertenecientes a los barrotes de dichas jaulas.

arena. Tiene tres metros y medio de altura, una medida superior a muchos otros anfiteatros romanos, y se realizó en ladrillo recubierto de mármol. Está rematado por una cornisa, que constituye el suelo de la primera grada y donde se grabaron los nombres de aquellos para los que estaban reservados estos asientos.

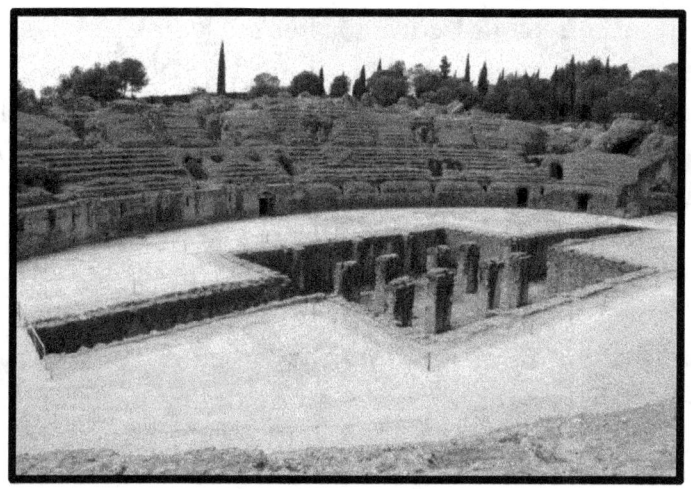

Fig. 8. Vista del anfiteatro

Unas ventanas abiertas en el *podium* iluminan una galería abovedada que discurre tras él y bajo la *ima cavea*, siguiendo la forma de la arena y comunicada con esta por medio de diez puertas. Esta galería da acceso a la *ima cavea* y a dos estancias, destinadas para el descanso de los ocupantes de las tribunas y bellamente decoradas en su momento, en una de las cuales se expone la réplica[19] de la *tabula gladiatoria*, un importante documento epigráfico que testimonia la delicada situación económica de la época de Marco Aurelio y su hijo. Otra galería semejante, comunicada con las entradas del edificio, discurre por una cota superior y daba acceso a la parte alta de la *cavea*.

---

[19] Original conservado en el Museo Arqueológico Nacional de Madrid.

Termas

Las termas romanas eran recintos públicos en los que, además de bañarse, los ciudadanos podían leer, pasear, practicar deporte y recibir masajes. Surgieron en época imperial y llegaron a cobrar gran importancia en la vida cotidiana de los antiguos romanos. Por esta razón se utilizaban como elementos de propaganda, tanto para las autoridades como para los evergetas que hacían posible su construcción, siendo dotadas de grandes lujos.

Normalmente, las termas incluían unos vestuarios o *apodyteria*, un patio para realizar ejercicio o *palestra*, y salas para el agua fría, templada y caliente, denominadas respectivamente *frigidarium, tepidarium* y *caldarium*. Estas dos últimas salas se calentaban mediante una cámara subterránea conocida como *hypocaustum*, por la que circulaba aire caliente, el cual también podía ascender por tubos de cerámica colocados dentro de las paredes.

En Itálica se localizan dos baños privados, el de la Casa de Neptuno y el de la Casa de la Exedra, y dos termas públicas. De estas, las primeras en edificarse fueron las Termas Menores, en época de Trajano[20], mientras que las Termas Mayores corresponden a la obra del barrio adrianeo. Además, las prospecciones geofísicas dieron con la planta de unas posibles termas posteriores al suroeste del *Traianeum*[21]. La romanización logró llevar estos baños públicos a la mayor parte de las ciudades del Imperio, pero en el caso italicense, por razones climatológicas (especialmente el rigor del verano), fueron realmente necesarios.

Las Termas Menores se hallan parcialmente cubiertas por viviendas de Santiponce. El acceso se encuentra en la parte oriental y a partir de ahí las salas de baño se suceden hasta culminar en una estancia absidiada que se correspondería con el *caldarium*[22]. El recorrido

---

[20] LEÓN ALONSO, Pilar: "Notas sobre la técnica edilicia en Itálica", *AEspA*, 50-51, 1977-78, pp. 143-164. La técnica edilicia empleada en las Termas Menores presenta diferencias con respecto a las construcciones del barrio adrianeo, especialmente en lo que se refiere a los ladrillos, las llagas y las marcas del *opus testaceum* utilizado, suficientes para datar el monumento en época trajanea. Con Adriano se realizaron algunas restauraciones en estas termas, las cuales pueden diferenciarse del resto de la obra.

[21] RODRÍGUEZ HIDALGO, José Manuel: "La nueva...", op. cit., pp. 106-107.

[22] HIDALGO PRIETO, Rafael: "En torno...", op. cit., p. 103.

que siguen es de tipo anular[23] y lo volveremos a ver en las Termas Mayores. El edificio se construyó en hormigón recubierto de ladrillo y en gran parte revestido de mármoles. En los paramentos se colocaron arcos ciegos a modo de refuerzo, una técnica que se venía utilizando en Roma desde el gobierno de Domiciano. Los suelos se pavimentaron con *opus sectile*[24].

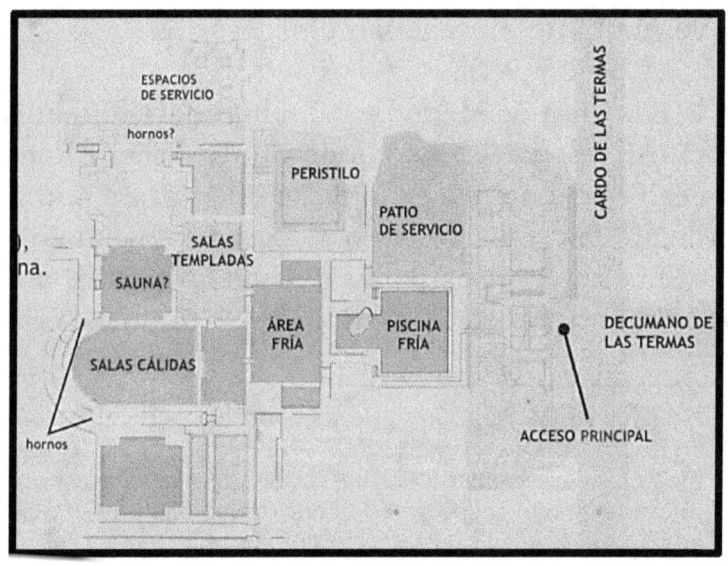

Fig. 9. Planta de las Termas Mayores

---

[23] *Ibídem*, p. 101.
[24] Uno de estos pavimentos se conserva en la Casa de la condesa de Lebrija.

Las Termas Mayores cuentan con unas enormes dimensiones, más de 32.400 m², ocupando una *insula* completa. Casi la mitad de esta extensión se dedicó a una construcción semejante a la plaza del *Traianeum*, porticada y con exedras alternantes semicirculares y rectangulares (fig. 10). Esta construcción, como veremos en el templo dedicado a Trajano, tiene un origen helenístico y se puede relacionar con otras obras adrianeas. Posiblemente fuera una *palestra*[25] que siguiera la tradición de los gimnasios griegos. Es un elemento que encontramos en termas imperiales como las Termas Neronianas de la capital, sin embargo, la forma en la que están yuxtapuestas las termas y la *palestra* en Itálica era, hasta la época adrianea, más propia de las provincias orientales, como por ejemplo las termas-gimnasio del puerto de Éfeso.

En su construcción se utilizó el *opus testaceum* y gran parte del edificio estaba revestido de mármol y mosaico, al igual que las Termas Menores. En la parte central hay una sala ab-

---

[25] RODRÍGUEZ HIDALGO, José Manuel: "La nueva...", op. cit., p. 106.

sidiada que podría interpretarse como piscina[26] o como *caldarium*[27].

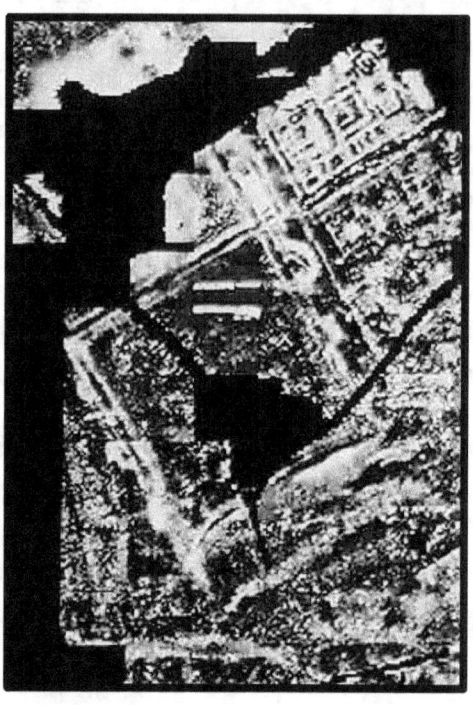

Fig. 10. Detalle de la imagen de la prospección geofísica en las Termas Mayores, según Rodríguez 1997

---

[26] NIELSEN, Inge: "Thermae et balnea", *Aarhus*, 70-71, 1990. Según este autor la estancia se hallaría totalmente inundada.

[27] HIDALGO PRIETO, Rafael: "En torno...», op. cit., p. 106. La estancia solo sería inundable en una zona, a los pies, en el *alveus* o piscina de agua caliente. Esta misma configuración se repite en otros *caldaria*, como en las termas Estabianas de Pompeya.

Templos

Los templos romanos eran lugares en los que se cobijaban las imágenes de culto y a ellos solo podían acceder los sacerdotes. Las ceremonias religiosas con los fieles tenían lugar fuera del edificio, frente a su entrada. En su interior se veneraba tanto a los dioses, muy semejantes a los griegos, como a los emperadores a partir de Augusto.

Con respecto a su construcción, los romanos combinaron caracteres etruscos y también griegos. Los templos etruscos eran de madera, se alzaban del terreno mediante un podio, con una escalinata que daba acceso, tenían planta cuadrada y no estaban porticados por su parte trasera. Los griegos contaban con una planta rectangular, se hacían en piedra y eran perípteros. Los templos romanos tomaron la piedra, el podio, la planta rectangular (aunque también los había circulares) y un único frente porticado. La sala principal del edificio o *cella* era donde se hallaba la imagen de culto, que estaba generalmente rodeada de columnas.

En Itálica conocemos escasos ejemplos de templos. Habitualmente se encontraban ubicados en el foro, como es el caso del templo de

Apolo. De este templo solo conservamos un pavimento de *opus signium* con una inscripción en la que un tal *Marcus Trahius*, posible antepasado de Trajano[28], aparece como comitente del edificio. También se construían templos fuera del foro, y en Itálica contamos con tres ejemplos. Dos de ellos pertenecen a otras construcciones: uno es una capilla ubicada en el anfiteatro dedicada a Némesis, y el otro, un templo a Isis, localizado en el teatro. El tercer templo está en pleno barrio adrianeo y es el más destacable de la ciudad. Se trata del *Traianeum*, llamado así por estar destinado al culto del emperador Trajano divinizado[29].

Traianeum

El *Traianeum* ocupa el espacio de dos manzanas y se encuentra en la zona más alta de la ciudad. Esta ubicación y las enormes proporciones con las que contaba en su día hacían

---

[28] CABALLOS RUFINO, Antonio: "M. Trahius C.f., magistrado de la Itálica tardorrepublicana", *Habis*, 18-19, 1987-1988, pp. 299-317.

[29] LEÓN ALONSO, Pilar: *Traianeum de Itálica*. Sevilla, 1988. La autora realizó una síntesis más reciente en LEÓN ALONSO, Pilar: "El Traianeum de Itálica", en ARCE, Javier, ENSOLI, Serena y LA ROCCA, Eugenio: *Hispania Romana: desde tierra de conquista a provincia del Imperio*. Madrid, 1997, pp. 176-180.

que destacase del resto de edificaciones, permitiendo que fuera visible desde el casco antiguo. Lamentablemente apenas quedan los cimientos, pero gracias a P. León[30] podemos conocer gran parte de las características de este edificio.

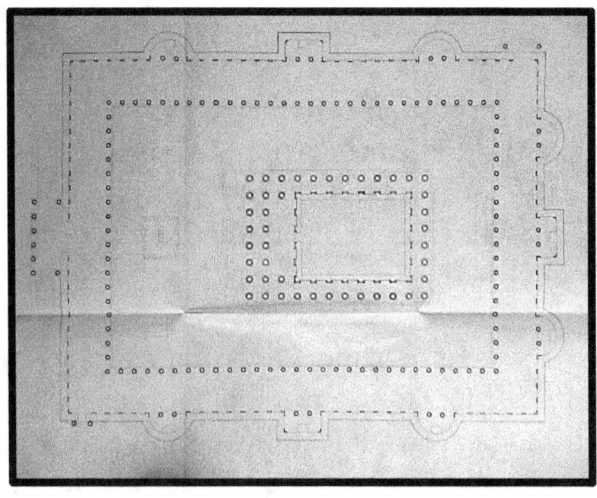

Fig. 11. Planta del Traianeum, según León 1988

Estaba situado en el centro de una plaza porticada, decorada con esculturas, y precedido por un ara. El muro perimetral del recinto presenta en tres de sus lados exedras rectangulares y semicirculares sobresalientes (fig. 11), que le daban al complejo un aspecto ce-

---

[30] *Ibídem*, pp. 49-85.

rrado e inexpugnable propio de un espacio sagrado. La fachada se encuentra en el lado que resta, mirando hacia el este, y cuenta en su centro con una terraza, a la que se accedía desde la calle mediante unas escaleras laterales. En el frente de esta terraza se hallaba una columnata de fustes de 5,30 metros de alto realizados en mármol grisáceo con vetas rojas. El recinto cuenta con otros dos accesos, carentes de la monumentalidad de la fachada principal, situados junto a los ángulos noreste y suroeste. Para rebajar la monotonía de los paramentos se labró un almohadillado en los sillares.

Las exedras perimetrales dilataban el espacio interior formando unos alojamientos en los que se colocaron pedestales con esculturas. El uso de exedras tiene ejemplos destacables desde inicios de la época imperial en el Foro de Augusto, y más tarde en el de Trajano. Con este último se recuperó también la sucesión de exedras semicirculares y rectangulares alternantes, cuyo ejemplo más destacable lo constituye la obra romana del Panteón[31]. La arquitectura adrianea recogió estos principios, como

---

[31] El Panteón fue reconstruido en época de Adriano a partir de los restos de la obra patrocinada por Agripa, general de Augusto.

puede verse por ejemplo en el pórtico de la Biblioteca de Atenas. En esta obra encontramos el mismo esquema que en el *Traianeum*, un esquema definido por la columnata interior, la alternancia de exedras en el muro perimetral y la entrada principal en uno de los lados cortos del recinto, que sigue un modelo de origen helenístico utilizado por los romanos para proyectar edificios de diversa índole. Este modelo se difundió durante el helenismo romano, aplicándose preferentemente a pórticos como el del teatro de Pompeyo en Roma. Con la llegada del Imperio siguió utilizándose, pero luego decayó hasta la época de Adriano, cuando el modelo fue revitalizado tanto en Oriente como en Occidente.

La Biblioteca de Atenas, además de compartir dicho esquema con la construcción italicense, el sistema de proporciones y el patrón de columnas[32] utilizados en su pórtico son los mismos, y se emplearon mármoles polícromos parecidos, que lograban efectos cromáticos similares, y se labró almohadillado en los sillares de los paramentos exteriores. Hay una diferencia entre el caso italicense y la obra de Atenas, que supone una innovación en el modelo. Se

---

[32] *Hecatostylon.*

trata de la apertura de los dos accesos secundarios, una alteración que rompía el esquema heredado y que por ello trató de disimularse. Especialmente en el ángulo noreste, cuyo acceso quedaba detrás de un gran arco triunfal ubicado en el cruce del *cardo maximus* con un *decumanus*[33]. Estos accesos conectaban zonas importantes del barrio adrianeo y pudieron servir para cruzar la plaza de un lado a otro, respondiendo pues esta transgresión del modelo a necesidades funcionales del edificio[34].

El interior del recinto se decoró con gran profusión de mármoles de diversa procedencia, tanto blancos como polícromos. La talla de los capiteles, frisos y demás elementos del orden arquitectónico seguía fielmente los modelos oficiales, internacionalizados en época adrianea gracias al aumento de las relaciones con las ciudades localizadas en el oriente imperial. Este nuevo estilo se creó con el Foro de Trajano y alcanzó su gran referente en el Panteón de Roma[35], desarrollándose a lo largo de la primera mitad del siglo II d.C.

---

[33] LEÓN ALONSO, Pilar: *Traianeum...*, op. cit., p. 59.
[34] *Ibídem*, p. 59.
[35] Los modelos utilizados en la obra italicense se originaron en el Panteón y tuvieron especial difusión en la misma capital, en Ostia y en la Villa Adriana.

El detallismo que se observa en la decoración arquitectónica del *Traianeum* denota la presencia de artistas muy cualificados[36], que desarrollaron unas formas y un cromatismo sutiles de gran refinamiento. Sin embargo, existen otras piezas que presentan simplificaciones y menor presencia de claroscuro, relacionadas con talleres locales[37]. El capitel de pilastra que vemos en la fig. 12 se asemeja a los capiteles de pilastras del Panteón, aunque no logre alcanzar su finura y delicadeza, y también a los capiteles de la Villa Adriana. Sus características son las propias de la época: "la neta diferenciación entre el fondo y los motivos esculpidos; los espacios vacíos entre ellos; la tendencia al desarrollo horizontal de las hojas de acanto; los segmentos planos, anchos, de sección cuadrada, aislados entre sí por acanaladuras de trépano amplias y profundas; el

---

[36] Adriano habría aportado mano de obra itálica, experimentada en las construcciones oficiales, así como mármoles de las canteras imperiales, para la ejecución del *Traianeum*.

[37] HIDALGO PRIETO, Rafael y MÁRQUEZ MORENO, Carlos: "Arquitectura oficial", en CABALLOS RUFINO, Antonio (ed.): *Itálica-Santiponce...*, op. cit., p. 64. Algunas zonas quedaron incluso inacabadas, como sucedió en la decoración de las Termas Mayores y también con la fachada occidental del anfiteatro. Esta diferencia de calidades puede notarse también en las piezas escultóricas de la ciudad.

contraste acusado entre plasticidad y colorido"[38].

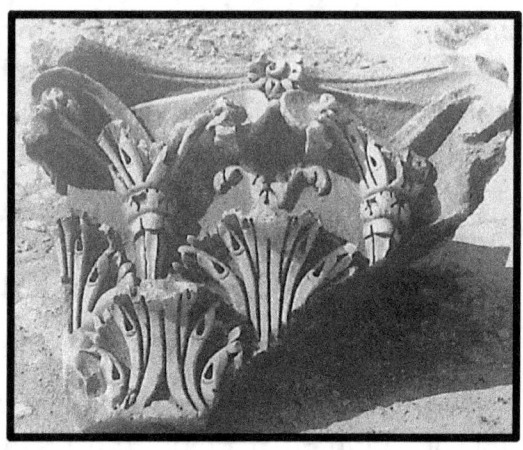

Fig. 12. Capitel de pilastra, según León 1988

El interior del muro perimetral del recinto estaba revestido con mármoles blancos y polícromos y marcado por pilastras que se correspondían con la columnata del pórtico. Los lados largos de la plaza contaban con treinta columnas y los cortos con veinte, sumando un total de cien columnas. Las basas y los capiteles se realizaron en mármol blanco, mientras que se usó mármol de color verde para los fustes. Con *opus sectile* se pavimentó toda la galería del pórtico. Este se comunicaba con la plaza descendiendo por unos escalones.

---

[38] LEÓN ALONSO, Pilar: *Traianeum...*, op. cit., p. 69.

La plaza mide unos 86 por 56 metros y pudo estar ajardinada, como fue el caso de la Biblioteca de Atenas, o pavimentada. En el espacio existente entre los lados mayores del pórtico y el templo se ubicaron dos hileras de cinco pedestales cada una para soportar estatuas. Las representaciones llevadas a cabo aquí, como en otras zonas del edificio, debieron de estar relacionadas en su mayor parte con el Divo Trajano, la familia imperial y personajes de la aristocracia italicense relacionados con ella, siguiendo el modelo del programa iconográfico del Foro de Augusto[39].

La losa de cimentación del templo mide 29 por 47 metros. El templo y el ara frente a él se revistieron por entero del mismo mármol blanco que el utilizado en el pórtico, por lo que ambos destacarían bastante respecto al juego cromático creado en este último. El templo se elevaba sobre un podio con una escalinata orientada al este (fig. 13), en línea con la entrada principal al recinto. Era de orden corintio y períptero, con ocho columnas de once metros de altura en los lados cortos y doce columnas en los lados largos. El exterior de la *cella* estaba decorado con pilastras de igual orden y

---

[39] *Ibídem*, pp. 82-84.

proporción, y el interior cobijaba probablemente la imagen del emperador Trajano divinizado[40], un acrolito colosal semejante por ejemplo a la estatua de Trajano del *Traianeum* de Pérgamo.

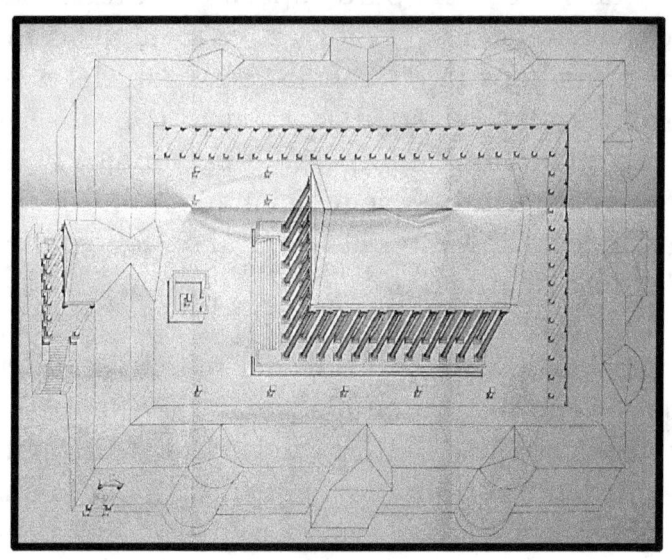

Fig. 13. Perspectiva militar del Traianeum, según León 1988

Los templos octástilos son muy escasos en *Hispania*[41], pero en el resto del Imperio y en

---

[40] *Ibid*, p. 84. Quizás un fragmento de esta estatua sea la pieza conservada en el Museo Arqueológico de Sevilla ITA0128.
[41] Pudo haber también templos octástilos en *Tarraco* y en *Corduba*.

época adrianea encontramos varios ejemplos entre los que destaca el Panteón. El uso de un templo octástilo en el caso italicense puede relacionarse con el templo a *Mars Ultor* del Foro de Augusto en Roma. El *Traianeum*, consagrado en este caso a un emperador, comparte la influencia helenística de la obra augustea a la vez que sirve de vínculo entre la figura del primer emperador y la de Trajano, quien al igual que Augusto había iniciado una época de esplendor y una dinastía, cuya continuidad representaba Adriano. En el mismo sentido el sucesor de este último, Antonino Pío, construirá el *Hadrianeum*, también octástilo. Adriano propició la erección de otros templos dedicados al culto imperial, como medios para la propaganda del Estado, como por ejemplo el *Olympieion* de Atenas[42].

---

[42] BOATWRIGHT, M.T.: "Italica and Hadrian's urban benefactions", en CABALLOS RUFINO, Antonio y LEÓN ALONSO, Pilar (eds.): *Itálica MMCC...*, op. cit., p. 227.

Casas y mosaicos

En la arquitectura de patrocinio privado de Itálica destacan las casas que se ubican en la ampliación adrianea. Algunas de estas casas eran viviendas propiamente dichas, en las que habitaban familias aristocráticas, mientras que otras se destinaron a un uso colectivo por parte de asociaciones de diverso tipo.

Cuentan con unas dimensiones enormes, muchas con un segundo piso, y en su día presentaban gran lujo en su decoración, con paredes revestidas de mármoles y estucos y pavimentos de mosaico. La distribución de sus estancias varía de unas a otras, con mayor o menor simetría en planta, aunque todas se organizan en torno a un gran patio central porticado o *peristylum*. Esta distribución de estancias responde a un modelo de vivienda conocido como "casa de peristilo", que por influencia griega encontramos en las provincias romanas occidentales a partir del siglo II a.C., desplazando al tradicional *atrium* romano. Los desniveles del terreno provocaron que muchas de las casas presenten varias alturas, lo que en ocasiones resulta en lo que se conoce como "patio rodio"[43], donde una de las galerías del *peristylum* está a distinto nivel respecto a las demás.

Este tipo de vivienda, *domus* o casa señorial romana, es el que encontramos en el barrio adrianeo. No se han hallado residencias de gente humilde, que habitarían en bloques de pisos presumiblemente ubicados en la zona bajo Santiponce. En este sentido, la ampliación estaría relacionada con las ciudades de recreo y descanso romanas, como por ejemplo fue el caso de Pompeya. El número de *domus* en Itálica debió de ser muy inferior al de viviendas de no privilegiados, sin embargo, el espacio ocupado por las primeras sería superior, teniendo en cuenta que acogían a aquellas personas encargadas del mantenimiento de la casa. Además, las *domus* destinaban un espacio a locales comerciales o *tabernae*, muy numerosos en la ampliación, los cuales en muchas ocasiones servían de vivienda para quienes regentaban el negocio. Se trata de pequeños habitáculos cuadrangulares que recorren los lados de algunas de las casas, sin comunicación con ellas pero sí con la calle.

---

[43] CORZO SÁNCHEZ, Ramón: "Organización…, op. cit., p. 318.

No se han hallado documentos que acrediten la identidad de los dueños de las casas italicenses, por lo que todas ellas toman sus nombres de sus elementos más significativos, como son sobre todo los mosaicos. En las casas es donde encontramos los mosaicos italicenses más relevantes, puesto que es en estos ambientes donde se llevaban a cabo mayormente estas pavimentaciones. En las principales estancias de las casas se utilizó el *opus tesselatum*, y el *opus signinum* y el *opus sectile* se destinó a las demás. La función de la mayoría de las estancias se desconoce, pero los mosaicos ayudan con algunas, tanto por su diseño como por su ubicación regular.

Los mosaicos presentan diversos tamaños y algunos van policromados. Destacan los figurativos, con abundancia de temas mitológicos especialmente en relación con el dios Baco. Comparten sus características con los mosaicos de otros enclaves del Valle del Guadalquivir, mostrando una policromía suave y una ornamentación secundaria de escaso desarrollo. Las superficies aparecen a menudo compartimentadas en recuadros, hexágonos u octógonos, dentro de los cuales se disponen las figuras, y como acompañamiento se utilizan multitud de motivos geométricos. La mayor parte de los mosaicos se fechan en el siglo II d.C y se conservan sobre todo *in situ*, aunque hay también piezas destacables en el Museo Arqueológico de Sevilla y en el palacio sevillano de la condesa de Lebrija. Algunos de los mosaicos descubiertos, por una u otra razón, hoy están perdidos[44].

Antes de adentrarnos en el análisis de las casas y sus mosaicos, veremos dos pavimentos que no se encuentran hoy en su contexto original, ambos polícromos y fundamentalmente figurados. El primero de ellos, considerado uno de los más bellos de la ciudad, lo podemos admirar en la casa de la condesa de Lebrija ubicada en la calle Cuna de Sevilla. Se conoce como Mosaico de los Amores de Zeus (fig. 14). Fue hallado en 1914 en una zona próxima al anfiteatro y trasladado, al igual que algunos otros mosaicos italicenses, para adornar el patio principal de esta casa. Por esta razón se redujeron sus dimensiones, para que se ajustase a tal espacio, quedando con la forma casi de un cuadrado, y también se hicieron restauraciones debido a las pérdidas que había sufrido en sus años de abandono.

---

[44] Entre los mosaicos perdidos destacan el del Circo y el de las Musas. Se conservan los dibujos de estos mosaicos, no obstante, permitiéndonos conocer sus características.

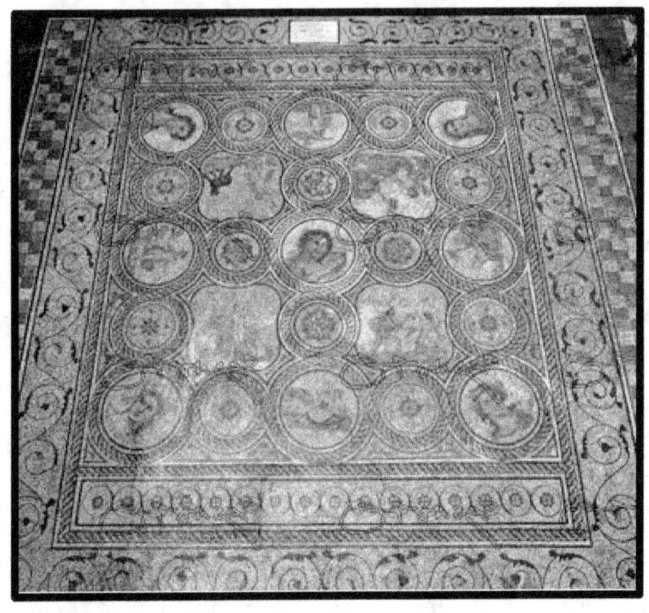

Fig. 14. Mosaico de los Amores de Zeus, según Luzón 1999

Una decoración de tipo vegetal encierra un tapiz central, en el que mediante un trenzado continuo se forman círculos de grandes y pequeños dispuestos alternativamente. Dentro de los círculos de menor tamaño aparecen florones policromos, tema habitual en la musivaria italicense, mientras que en los de mayores dimensiones vemos bustos y escenas mitológicas. Esta misma línea siguen los espacios cruciformes generados a partir de los círculos. En los vértices se localizan las Estaciones, representadas de acuerdo con los tipos más comunes. En el centro encontramos quizás a Pan[45] o a Polifemo[46], y en el resto de los espacios aparecen algunas de las amantes de Zeus junto al propio dios, representado de diversas formas: Ganimedes, que ofrece una pátera a un águila, Leda con el cisne, Dánae recibiendo la lluvia de oro, la vaca Io, Europa con el toro, Arcas y la osa que era su madre, Antíope y el sátiro, y por último la personificación de un río.

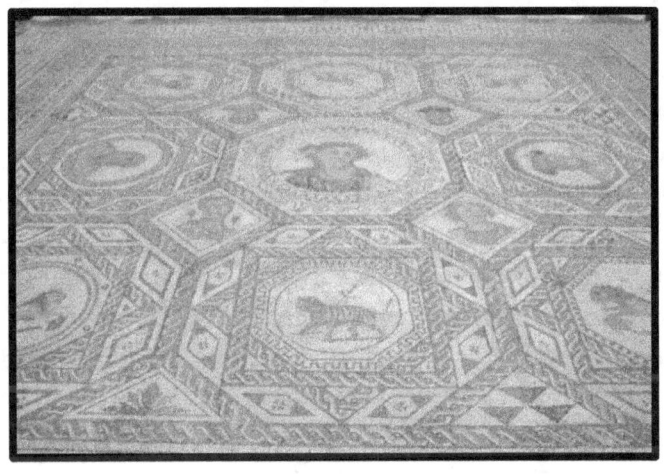

Fig. 15. Mosaico de Baco

---

[45] MANJÓN MERGELINA, Regla: "El mejor mosaico de Itálica", *BRAH*, 67, 1915, pp. 235-242.
[46] BLANCO FREIJEIRO, Antonio: *Mosaicos romanos de Itálica (I): mosaicos conservados en colecciones públicas y particulares de la ciudad de Sevilla*. Madrid, 1978, p. 26.

El segundo mosaico descontextualizado lo hallamos en el Museo Arqueológico de Sevilla (número de inventario 1.053) y se denomina Mosaico de Baco (fig. 15). Está formado por octógonos que encierran otras figuras geométricas que a su vez rodean bustos y escenas relativas al dios. En los espacios libres entre octógonos, con forma de cuadrados, se localizan más bustos, estos representando a las Estaciones con sus atributos habituales. Este tipo de composición, en la que un recuadro central queda rodeado por ocho recuadros, fue muy común a partir del siglo II d.C. En los medallones inferiores y superiores aparecen leones y tigres, animales vinculados a Baco, uno de ellos con un ojo humano, una representación que tiene significado de protección y que es frecuente en la musivaria romana, encontrándola de nuevo en la misma Itálica. En el centro está Baco o Ariadna, dado que carece de inscripción, y a ambos lados quizás Sileno y Hércules[47]. La composición que envuelve todas estas imágenes, dos cuadrados de trenza cruzados formando un octógono, se repite en otros mosaicos italicenses, como en la Casa de Hylas (fig. 22), y también en otros de Hispania y del

---

[47] BLANCO FREIJEIRO, Antonio: *Mosaicos romanos...*, op. cit., p. 28.

Imperio[48], siendo propia de la época antoniana.

Casa de la Exedra

Siguiendo el discurso sobre los edificios públicos, veremos en primer lugar aquellas casas italicenses que no estaban destinadas a vivienda privada, entre las que destaca la Casa de la Exedra. Esta casa debió de ser la sede de una asociación masculina o *collegium*[49]. El edificio ocupa una superficie de unos 2.200 m^2 y está en un tramo adosado a la muralla adrianea. Presenta soluciones propias de la arquitectura doméstica junto con otras más adecuadas a un uso colectivo, mostrando una configuración singular que no se repite en Itálica. La construcción se adapta al terreno, desarrollándose en varios niveles, y cuenta con diversas áreas funcionales que son más o menos independientes entre sí. Estas áreas funcionales se organizan en dos ámbitos paralelos al eje mayor de la casa, uno organizado en torno a

---

[48] Como el Mosaico de Baco de Colonia.
[49] RODRÍGUEZ HIDALGO, José Manuel: "Dos ejemplos domésticos en Traianópolis: las Casas de los Pájaros y de la Exedra", *La casa urbana hispanorromana*, Zaragoza, 1991, p. 299. Concretamente un *collegium iuvenum*.

un *peristylum* y otro compuesto principalmente por una gran zona descubierta con una exedra abovedada en un extremo (fig. 16).

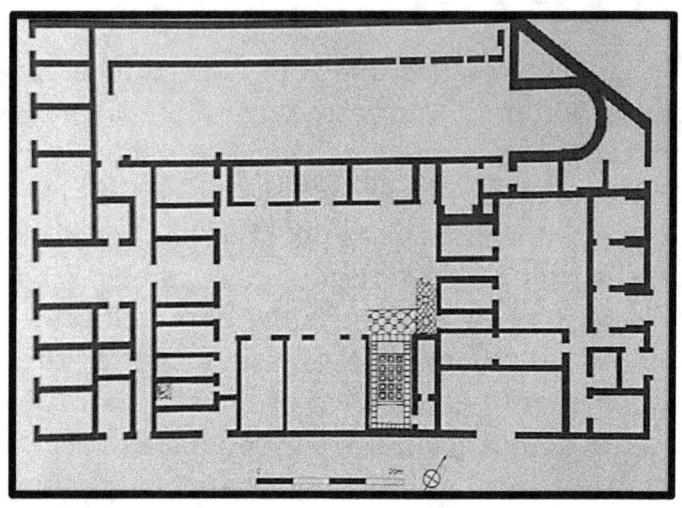

Fig. 16. Planta de la Casa de la Exedra, según Mañas 2011

La entrada al edificio se orienta a poniente y es por tanto similar a la de la Casa de los Pájaros. El *vestibulum* conduce al *peristylum*, que al igual que en las viviendas se encuentra en eje con la entrada y distribuye a otras estancias, y a un gimnasio, ubicado en todo lo largo del lado norte del edificio y cuya planta ocupa una parte importante del total. Este gimnasio cuenta principalmente con una *palestra*, un alargado patio rectangular que mide 10 por 40 metros, destinada a competiciones. En el extremo este de la *palestra*, tres vanos daban acceso a un espacio cubierto con bóveda de medio punto, rematado en un ábside con bóveda de cuarto de esfera, que pudo servir como sala de reunión o *exedra*. En estas bóvedas se utilizaron ánforas para disminuir su peso. En la *palestra* y en la *exedra* se ejercitaban, respectivamente, cuerpo y mente, por lo que este edificio podría ser la sede de un *collegium iuuenum*, en consonancia con el espíritu helenístico de la época adrianea[50].

Paralelamente a la *palestra* discurría una galería subterránea que permitía acceder a la *exedra* sin interrumpir las competiciones. Este criptopórtico tenía las paredes decoradas con rombos y recuadros rectangulares formados a base de bandas pintadas de color ocre y rojo, dispuestas sobre un fondo amarillento. La cubierta del criptopórtico era una bóveda de cañón, y sobre ella probablemente se localizaba una galería abierta desde la cual era posible observar lo que acontecía en la *palestra*.

El *peristylum* tenía sus galerías cubiertas

---

[50] CABALLOS RUFINO, Antonio, MARÍN FATUARTE, José y RODRÍGUEZ HIDALGO, José Manuel: *Itálica...*, op. cit., p. 79.

con bóveda de arista y apoyadas en pilares con pilastras adosadas. El uso de este pilar de planta cruciforme relaciona al edificio con la reforma de la Basílica Iulia llevada a cabo por Diocleciano, algo que unido a la utilización de ánforas para aligerar el peso del hormigón (no empleadas hasta los Severos), situarían el edificio para A. García y Bellido[51] cronológicamente en el siglo III d.C. Sin embargo, P. León[52] analizó el uso de las ánforas en la bóveda de la exedra y llegó a la conclusión de que al menos esta debió realizarse en época adrianea. En el centro del patio encontramos un interesante estanque diseñado a partir de curvas y contracurvas. A los lados norte y sur del *peristylum* se ubican las salas más importantes del edificio, entre ellas el *triclinum*, y en consecuencia estarían decoradas con gran lujo. Es en esta zona donde se concentran los mosaicos conocidos.

En la esquina suroeste del *peristylum* hay unas letrinas colectivas que cuentan con un mosaico de teselas negras y blancas, en el que se representa a los pigmeos, pequeños habitantes de las orillas del Nilo, luchando contra

---

[51] GARCÍA Y BELLIDO, Antonio: *Colonia Aelia...*, op. cit., pp. 100-101.
[52] LEÓN ALONSO, Pilar: *Traianeum...*, op. cit., p. 150.

su enemigo principal, las grullas[53]. El tema es habitual en el arte romano y el tono utilizado es a menudo jocoso, con los pigmeos utilizando palillos y horquillas como armas y ánforas a modo de escudo. Algunos pigmeos aparecen caídos de bruces, con una grulla picoteándoles las nalgas, y otros cabalgan sobre sus enemigos. El repertorio de figuras no era muy amplio, pero se combinaban entre sí para lograr distintas composiciones. Por esta razón, el Mosaico de los Pigmeos guarda gran semejanza con otro mosaico italicense, el Mosaico de Neptuno (fig. 17), aunque el esquematismo de las figuras es mayor en la pieza de la Casa de la Exedra. Debieron de existir en la ciudad talleres que se dedicaron a repetir escenas o motivos con mínimas variantes[54], razón por la que nos encontramos con otros ejemplos de repeticiones de motivos y con diferentes calidades en la ejecución de los mosaicos italicenses. Este mosaico se puede relacionar también con ejemplares en Ostia y Zliten[55], como sucede con algunos de los pigmeos del Mosaico de

---

[53] De acuerdo con lo escrito en La Ilíada por Homero, en la que se basa la literatura y el arte posteriores para tratar el tema de los pigmeos.
[54] LUZÓN NOGUÉ, José María: *La Itálica...*, op. cit., p. 56.
[55] MAÑAS ROMERO, Irene: *Mosaicos romanos...*, op. cit., p. 25.

Neptuno.

Casa de Neptuno

Sede de un *collegium* pudo ser también la Casa de Neptuno[56], dada su extensión[57], su lujo y la presencia de termas propias, además de contar con una planta compleja que se aleja de los usos típicos de una vivienda. También pudo ser un *balneum* semipúblico[58]. Destacan sobre todo sus mosaicos, la mayoría ubicados en el lado meridional de la casa. El Mosaico del Laberinto es uno de ellos. En su centro aparece Teseo luchando contra el Minotauro, y en torno a ambos se representa el propio laberinto, del que el héroe griego debía escapar, cuya salida se abre en una cenefa que simula la muralla de una ciudad. El monstruo aparece ya casi vencido, arrodillado, la forma más habitual en las provincias occidentales como vemos por ejemplo en mosaicos de Pamplona, Salzburgo o la misma Roma.

---

[56] RODRÍGUEZ HIDALGO, José Manuel: "Dos ejemplos...", op. cit., pp. 291-302.
[57] Es la casa de mayor tamaño, más de 6.000 m².
[58] GARCÍA ENTERO, Virginia: *Los Balnea domésticos -ámbito rural y urbano- en la Hispania romana*. Madrid, 2005, p. 719.

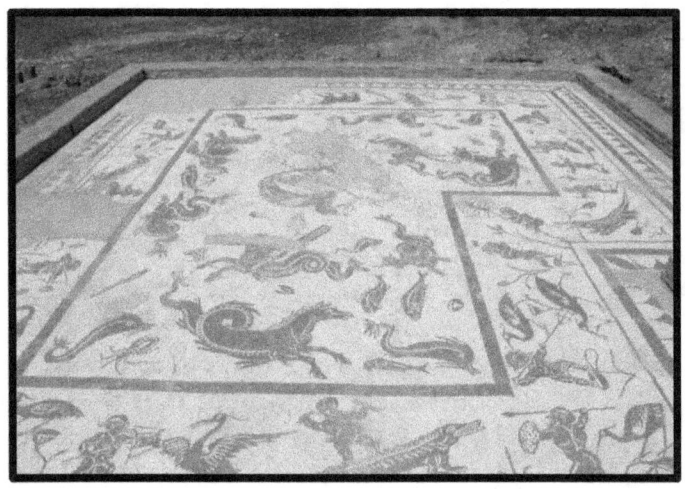

Fig. 17. Mosaico de Neptuno

Otro mosaico significativo de esta zona de la casa es el Mosaico Báquico. Tiene una composición de retícula ortogonal, con cuadros enmarcados por una ancha trenza en los que se disponen alternativamente motivos figurativos y florales. Este tipo de composición es de origen itálico y desde el siglo II d.C. está muy presente en el occidente imperial, con varios ejemplos conservados en Itálica. Este mosaico es uno de tantos provinciales en los que se utiliza el tema y la iconografía del dios Baco. La mayoría de las figuras aquí representadas se corresponden con su cortejo o *thiasos* y forman parte del repertorio habitual de escenas de la vida de Baco presente en los mosaicos romanos. Probablemente en alguno de los cuadros que se han perdido apareciera el dios representado en estado de ebriedad[59]. Dos de los temas son por el contrario excepcionales. El tema de Ágave y Penteo, por una parte, lo vemos muy presente en la pintura de vasos griegos pero no suele aparecer en el arte romano, donde no es común representar al rey de Tebas desmembrado. El otro tema es el de una ménade portando una pátera estriada de oro o *phialé*.

En el lado oeste de la casa encontramos unas termas en las que se halla el mosaico que le da nombre: el Mosaico de Neptuno (fig. 17). Revestía el fondo de una piscina que contaba con una escalera en uno de sus ángulos, razón por la cual su forma no es completamente rectangular, algo que debió suponer un reajuste en la composición de origen[60]. Está realizado en blanco y negro, excepto la figura central, que es polícroma y representa al dios. Neptuno aparece vistiendo un manto ondeante y con su

---

[59] MAÑAS ROMERO, Irene: *Mosaicos romanos de Itálica (II): mosaicos contextualizados y apéndice.* Madrid, 2011, p. 34.
[60] BLANCO FREIJEIRO, Antonio y LUZÓN NOGUÉ, José María: *El mosaico de Neptuno en Itálica.* Sevilla, 1974, p. 38.

tridente en una mano, mientras con la otra dirige un carro llevado por dos caballos de mar, hoy perdidos. La presencia del carro no es frecuente, pues se trata de un objeto ajeno al mar. Rodeando al dios se encuentra su *thiasos*, como era habitual, una serie de monstruos marinos con su mitad trasera en forma de pez: un carnero, una pantera, un toro, un asno, un lobo, una cabra y dos tritones o centauros. Moluscos, peces, crustáceos y delfines los acompañan. La escena sigue modelos itálicos, principalmente de mosaicos termales[61], aunque estos se concibieron para ser representados de manera bícroma como por ejemplo sucede con el mosaico de las termas de Neptuno en Ostia[62]. En torno a la escena central discurre una ancha orla en la que aparecen los pigmeos, representados con un sentido cómico que contrasta con el resto del mosaico. Se utilizaron aquí hasta tres tipos distintos de pigmeos, que pueden emparentarse respectivamente con los presentes en mosaicos de Ostia,

---

[61] Con gran desarrollo debido a la importancia de las termas en la vida de los romanos.
[62] En este mosaico no vemos el carro presente en el ejemplar italicense.

Mérida y Zliten[63]. Los animales que los acompañan son los propios que evocan el hábitat de estos pequeños seres. La combinación de este tema nilótico con el marino del *thiasos* de Neptuno es excepcional en la producción romana. Lo mismo sucede con la utilización conjunta para el tema central de mosaico en blanco y negro y polícromo, aporte hispánico que logra destacar con el color la figura del dios entre el resto de las representaciones.

Casa de los Pájaros

La Casa de los Pájaros es una de las casas más pequeñas de la ampliación. Ocupa media manzana aproximadamente, que comparte con la Casa del Patio Rodio, extendiéndose por unos 1.800 m². Presenta una planta sencilla y funcional de gran simetría (fig. 18). La entrada a la vivienda es semejante a la de otras casas italicenses conocidas, las orientadas a poniente, por lo que podría tratarse de un requisito urbanístico[64]. Aunque no es muy común

---

[63] MAÑAS ROMERO, Irene: *Mosaicos romanos...*, op. cit., p. 29. El tipo más clásico estaría relacionado con Ostia, los de cuerpo robusto con Mérida y el resto con Zliten.
[64] CABALLOS RUFINO, Antonio, MARÍN FATUARTE, José y RODRÍGUEZ HIDALGO, José Manuel: *Itálica...*, op. cit., p. 80.

en la edilicia romana, encontramos otros yacimientos en los que se presenta, como en la portuguesa Coimbra. Consiste en un triple vano, con el central más ancho, que da acceso a un espacio de reducidas dimensiones con un muro cóncavo al fondo, en el que vemos repetido el triple vano. Detrás de este muro se encuentra el vestíbulo o *vestibulum* de la vivienda, la segunda estancia más grande de la misma, en la que todas las mañanas el señor de la casa o *dominus* era cortejado ceremonialmente por su clientela. Unas *tabernae* flanquean el *vestibulum* y recorren los tres lados de la casa.

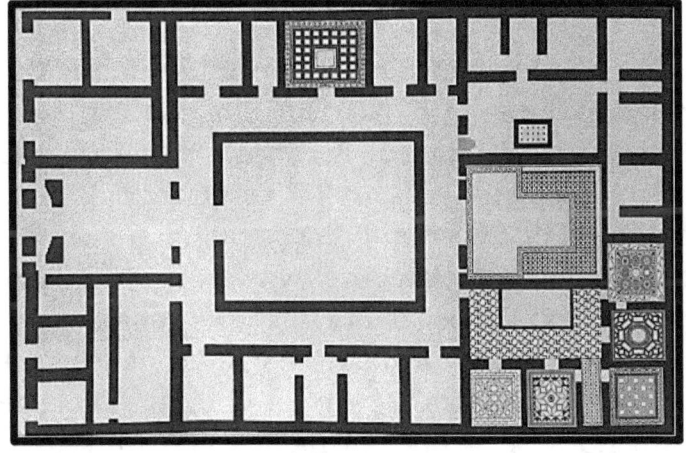

Fig. 18. Planta de la Casa de los Pájaros, según Mañas 2011

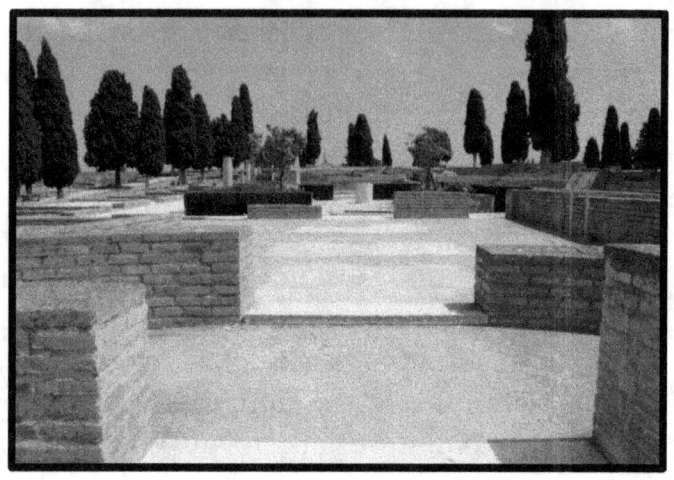

Fig. 19. Vista desde la entrada de la Casa de los Pájaros, con el peristylum al fondo. Los muros han sido recrecidos y se permite la visita al interior de la casa, lo que ayuda a hacerse una idea de su estado original

La planta de esta casa presenta una regularidad extrema que hace difícil encontrar paralelos fuera de Itálica. A. García y Bellido[65] la relaciona con la Casa del Bicentenario de Herculano. Por lo general, las casas en las ciudades suelen ser elementos vivos que van cambiando con el paso del tiempo, por modificaciones nacidas de nuevas necesidades de las gentes que las utilizan, pero en el caso italicense esto no se permitió, al menos en lo que res-

---

[65] GARCÍA Y BELLIDO, Antonio: *Colonia Aelia...*, op. cit., p. 90.

pecta al exterior de las casas. El arquitecto encargado diseñó idealmente los edificios de Itálica, y el plan urbano en general, para que permanecieran inmutables para siempre, y así fue hasta el abandono de la ciudad.

Tras el *vestibulum* entramos en el *peristylum*, un enorme patio porticado de unos 440 m² en torno al cual se distribuyen las principales estancias de la casa. Este patio era una fuente de luz y ventilación fundamental para la vivienda, además de cobijar subterráneamente un aljibe que recogía el agua de lluvia, algo importante debido a que no se suministraba el agua pública directamente a las casas. El espacio central no cubierto del *peristylum* estaba ajardinado. En este patio encontramos el larario o *lararium*, un pequeño altar donde se rendía culto a los dioses protectores del hogar. Las propias dimensiones de este patio ya indican la riqueza de la familia que habitaba esta casa, a lo que se unía en su momento el lujo con el que estaría decorado, como igualmente lo estarían las estancias a las que daba acceso. Esta era la zona más pública de la vivienda, a la que accedían las visitas, y las atenciones ornamentales que debió de recibir servían al *dominus* para exhibirse ante sus semejantes.

La estancia de mayor tamaño de esta vivienda era la destinada a comedor o *triclinium*, situado en eje con la entrada al otro lado del *peristylum*. Comunica con este por medio de tres puertas, la central más ancha que las laterales. El banquete tenía gran importancia para la aristocracia romana, por lo que el *triclinum* era la sala de recepción principal de la vivienda, en la cual el *dominus* podía impresionar a sus invitados. Con esta intención estaría esta estancia adornada ricamente. Poco es lo conservado de la decoración del *triclinium*, pero podemos saber que sus paredes contarían con revestimiento de mármol blanco y gris, y que en el suelo había un mosaico con el habitual diseño en U (fig. 21). Los romanos comían en lechos dispuestos siguiendo tres de los lados de la estancia, con lo que en el centro quedaría un espacio, donde el mosaico presentaría una decoración figurativa y más compleja que en la zona de los lechos.

En otra de las estancias que rodean el *peristylum*, en el lado norte, encontramos el pavimento de mosaico que da nombre a la casa: el Mosaico de los Pájaros (fig. 20). Se compone de un recuadro central, escasamente conservado[66], en torno al cual se desarrollan recuadros de menores dimensiones con representaciones de aves de especies diferentes, todas ellas mirando hacia la entrada de la estancia y enmarcadas de forma que simulan casetones en relieve. Las aves están representadas de manera naturalista, buscando los detalles, por lo que son en su mayoría identificables, a pesar de que sus colores se han intensificado y multiplicado buscando un resultado final más bello. Algunas caminan y otras se encuentran en reposo, son polícromas y resaltan sobre un fondo de teselas blancas. Es posible que el modelo seguido para realizar estas aves proceda de manuscritos ilustrados de carácter científico[67]. Al margen de su valor decorativo, los romanos consideraban que las aves traían armonía y paz a sus hogares, de ahí su presencia en estos contextos.

---

[66] Probablemente contenía una escena de carácter musical o teatral. MAÑAS ROMERO, Irene: "Mosaico de los Pájaros", en LÓPEZ RODRÍGUEZ, José Ramón y BELTRÁN FORTES, José (eds.): *Itálica, cien años, cien piezas: conmemoración del centenario de la declaración de las Ruinas de Itálica como Monumento Nacional.* Sevilla, 2014, p. 161.

[67] MAÑAS ROMERO, Irene: *Mosaicos romanos...*, op. cit., p. 42.

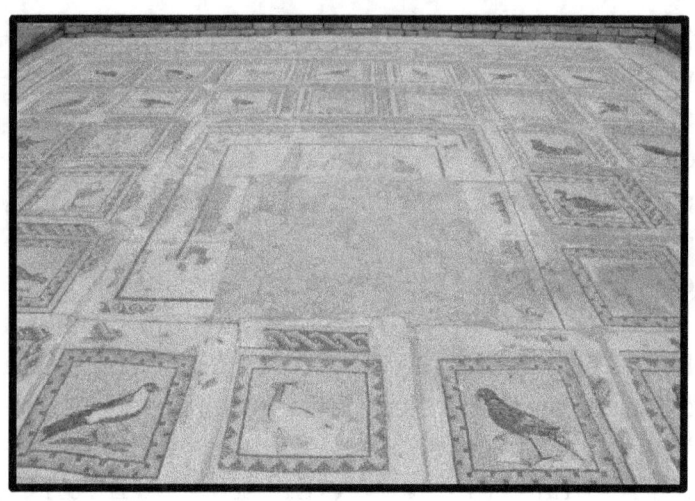

Fig. 20. Mosaico de los Pájaros

A ambos lados del *triclinum* se hallan dos pequeños patios, uno con una fuente y el otro con una piscina, que dan acceso a las habitaciones más privadas de la casa. Esta distribución es semejante a la que encontramos en la Domus Flavia romana, cuyo gran *triclinium* cuenta con dos *nymphaea* que lo flanquean y tienen acceso directo a él. En las estancias del patio sur se conservan la mayoría de los mosaicos, destacando entre ellos el que en su día presentaba la cabeza de Tellus[68] en su medallón central, el cual fue robado en 1983. Tellus es la diosa de la fertilidad de la tierra, con la serpiente que

---

[68] LUZÓN NOGUÉ, José María: "Mosaico de Tellus en Itálica", *Habis*, 3, 1972, p. 292.

simboliza la renovación vegetal de cada primavera, un tema que se podría relacionar con el matrimonio, permitiendo establecer esta estancia como el dormitorio del *dominus* y su esposa[69]. Rodeando el espacio del medallón se encuentran ocho recuadros, con representaciones de roleos vegetales y pájaros. En el patio norte, por su parte, encontramos una fuente con formas curvas que cuenta con un mosaico de animales marinos, pero no conservamos el pavimento de ninguna de las habitaciones con las que comunica este patio. Ambos patios distribuyen de manera semejante, por lo que es posible que se utilizara el ámbito norte durante el verano y el resto del año habitasen el ámbito sur[70].

Aunque la Casa de los Pájaros es un ejemplo significativo de las viviendas del barrio adrianeo, el modelo que sigue de casa de peristilo presenta variantes en el resto de las viviendas de la zona, con diferencias en la distribución de las salas y el tamaño de los patios. La Casa del Patio Rodio comparte solar con la Casa de los Pájaros, y presenta la peculiaridad de un *peristylum* con una de sus galerías situada en

---

[69] CABALLOS RUFINO, Antonio, MARÍN FATUARTE, José y RODRÍGUEZ HIDALGO, José Manuel: *Itálica…*, op. cit., p. 74.
[70] *Ibídem*, p. 74.

una cota más alta que el resto. Este tipo de patio se conoce como patio rodio y está presente en otras casas italicenses orientadas al levante, adaptándose a un terreno en habitual pendiente. Únicamente dos estancias de la vivienda conservan en buen estado su pavimento, siendo una de ellas el *triclinum*, como demuestra el diseño en U de su mosaico.

<u>Casa de Hylas</u>

De la Casa de Hylas destacan sus mosaicos, principalmente dos de ellos. Uno es el que corresponde a una estancia triclinar, por lo que presenta una disposición en U que se combina con otra en T invertida (fig. 21). Lo habitual en este diseño es que la T se ubique en los lados cortos de la estancia, pero en el caso italicense, aquí y en otros triclinios, se encuentra en los largos, dotando al mosaico de una visión más horizontal. La alfombra en U muestra una composición geométrica a base de hexágonos y rombos y la alfombra en T la conforman tres tapices. Los laterales presentan decoración geométrica, y en el central se disponen cuatro medallones con los bustos de las Estaciones, que rodean un busto femenino de interpretación variada. Probablemente se trate de la diosa Tellus[71], asociada a las estaciones en alusión al eterno ciclo de la vida. Las Estaciones están personificadas por dos hombres y dos mujeres, representados a tres cuartos y dispuestos en el orden habitual[72]. Las facciones de sus rostros son delicadas, mientras que sus cuellos son contundentes, con una sombra triangular que es característica del taller encargado de la ejecución de este mosaico. Similares representaciones las encontramos en los ejemplares de la colección Campo[73].

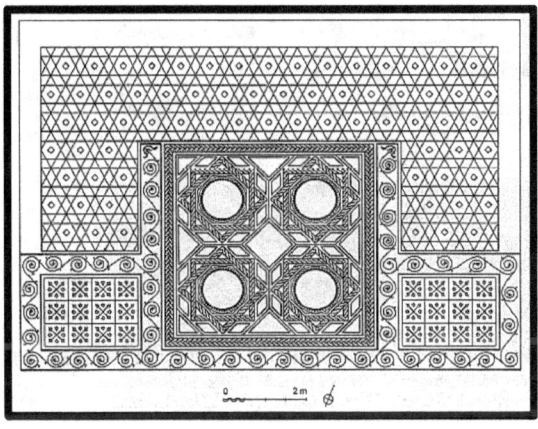

Fig. 21. Reconstrucción del Mosaico de las Estaciones, según Mañas 2011

---

[71] LUZÓN NOGUÉ, José María: "Mosaico...", op. cit., p. 295. Se confirma en MAÑAS ROMERO, Irene.: "El mosaico italicense de Hylas", *Romula*, 3, 2004, p. 50.
[72] Secuencia circular de izquierda a derecha.
[73] BLANCO FREIJEIRO, Antonio: *Mosaicos romanos...*, op. cit., pp. 43-44.

El otro mosaico destacable de esta casa lo encontramos en una de las habitaciones a las que da acceso uno de los dos patios que flanquean el *triclinium* principal[74]: el Mosaico de Hylas. Unas esvásticas con interior trenzado enmarcan su emblema central, conservado en el Museo Arqueológico de Sevilla, en el que aparecen unidas las escenas de Hylas siendo raptado por las ninfas, durante una escala de la expedición que pretendía el vellocino de oro, y Heracles (Hércules) buscando desesperado a su amado (fig. 22). Este mosaico es único entre los ejemplares italicenses conocidos, puesto que constituye la transposición de un modelo pictórico[75], con una ambientación muy cuidada que recrea el bosque nocturno en el que se desarrollan las dos escenas. También es excepcional entre los mosaicos romanos que tratan el mismo tema debido a su iconografía. Por un lado, no representa solo el propio rapto sino todo el episodio mitológico, y por otro vemos la figura de Heracles, quien no suele aparecer a pesar de participar en la historia. La distribución no es la simétrica habitual, con Hylas en el centro y las ninfas rodeándole, sino que el

---

[74] Ubicación privada propia de este tema de índole amorosa.
[75] MAÑAS ROMERO, Irene: "El mosaico italicense…, op. cit., p. 52.

protagonista aparece desplazado hacia la izquierda, con las ninfas todas en este lado, aunque se representa como era frecuente con una rodilla doblada y apoyada en una roca y la otra pierna ya en el agua. Para A. Blanco[76] "la composición se inspira verosímilmente en un buen original helenístico", y es comparable con la que muestran ejemplos en pintura mural de los estilos pompeyanos tercero y cuarto.

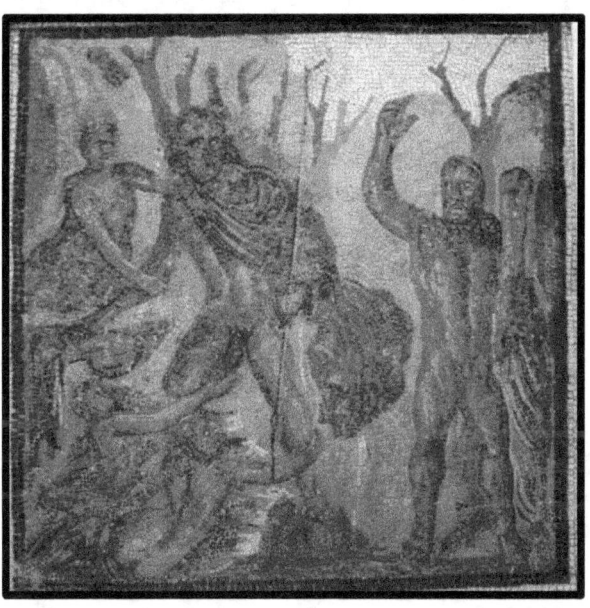

Fig. 22. Escena central del Mosaico de Hylas

---

[76] BLANCO FREIJEIRO, Antonio: *Mosaicos romanos...*, op. cit., p. 31.

Casa del Planetario

Una de las viviendas del barrio adrianeo que recibieron alguna reforma fue la Casa del Planetario. Así puede verse en su *peristylum*, donde encontramos los restos de un muro que lo cruzaba, o también en la mitad sur del edificio, en la que se perdieron los mosaicos probablemente al acometer cambios en el uso de las distintas estancias[77]. Entre los mosaicos conservados de la mitad norte destacan dos de ellos. El primero se encuentra en un dormitorio y está compuesto por dos tapices, uno geométrico y otro figurativo. El tapiz principal presenta una composición a base de nueve recuadros. En el central aparece el dios Baco acompañado de Ariadna vertiendo vino a una pantera ubicada a sus pies, y alrededor figuras dionisíacas como son los centauros, los sátiros y los tigres, estos últimos con un objeto ovalado que simbolizaba el mal de ojo. Estas representaciones de miembros del *thiasos* báquico son iguales y simétricas y pertenecen al repertorio habitual que va repitiéndose en los mosaicos romanos. Este mosaico y el del Planetario, que veremos a continuación, son los

---

[77] CABALLOS RUFINO, Antonio, MARÍN FATUARTE, José y RODRÍGUEZ HIDALGO, José Manuel: *Itálica...*, op. cit., p. 85.

ejemplares italicenses con una vegetación más cuidada, de formas carnosas, aún participando también del esquematismo característico de los mosaicos de la ciudad.

En una estancia cercana encontramos el mosaico que le da nombre a la casa: el Mosaico del Planetario (fig. 23). Está compuesto por tres alfombras, la principal ubicada en el centro. En ella aparecen representados los bustos de las divinidades planetarias como símbolos de los siete días de la semana, organizados mediante un esquema geométrico conocido como "nido de abeja". Este esquema consiste en un círculo exterior, símbolo de la bóveda celeste[78], que cobija siete hexágonos, uno de ellos ubicado en el centro. Su asociación con los planetas se remonta a los inicios de la época imperial[79] y lo vemos en varios mosaicos como por ejemplo el de Bir-Chana. Cada busto aparece dentro de un hexágono y rodeado por una corona de laurel estilizada. En el hexágono central está Venus, el viernes, ubicación común a otros mosaicos del mismo tema tanto en Itálica

---

[78] Para los romanos la bóveda celeste era finita y circular, y dentro de ella realizaban su recorrido los planetas. Estos incidían en sus vidas, de ahí que el tema fuera muy popular para emplearlo en decoración.
[79] Los vemos en la decoración arquitectónica del templo de Bel en Palmira, de época tiberiana.

como en otras zonas del Imperio. En torno a la diosa se localizan en orden el resto de los días de la semana: Saturno (el sábado), el Sol (el domingo), la Luna (el lunes), Marte (el martes), Mercurio (el miércoles) y Júpiter (el jueves). Estos bustos se parecen mucho a los del ejemplar conservado en la Casa de la Condesa de Lebrija[80], pero aquí los atributos de los planetas se han reducido al mínimo. Toda la decoración vegetal que los rodea remite a modelos propios de los talleres norteafricanos[81].

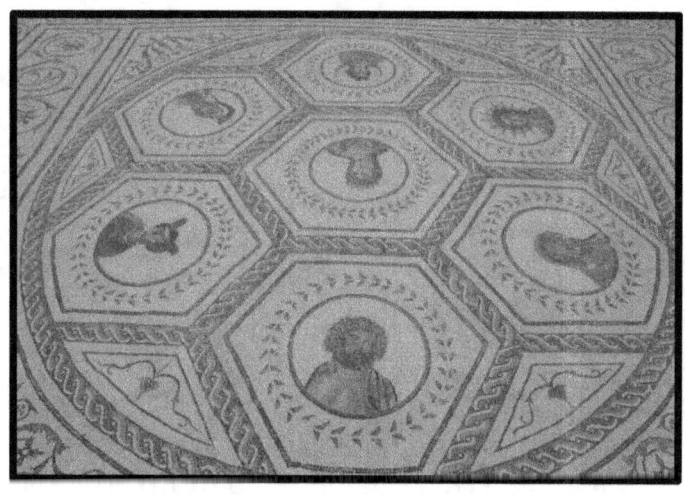

Fig. 23. Mosaico del Planetario

---

[80] BLANCO FREIJEIRO, Antonio: *Mosaicos romanos...*, op. cit., p. 36.
[81] MAÑAS ROMERO, Irene: *Mosaicos romanos...*, op. cit., p. 71.

Casa del Mosaico del Nacimiento de Venus

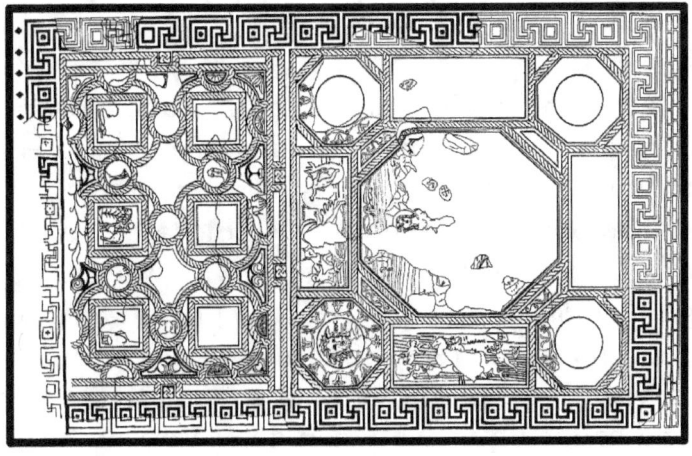

Fig. 24. Mosaico del nacimiento de Venus, según Canto 1976

Concluiremos el estudio de las casas italicenses y sus mosaicos con la Casa del Mosaico del nacimiento de Venus (fig. 24). Este mosaico es el más tardío que veremos, realizado ya en el siglo III d.C. Está compuesto por dos alfombras rectangulares yuxtapuestas y totalmente polícromas, diseñadas a partir de varios cartones con "una fuerte influencia helenística a través del Norte de África"[82]. Sus dimensiones, técnica, concepción pictórica y policromía completa lo convierten en una pieza novedosa

---

[82] CANTO Y DE GREGORIO, Alicia: "El mosaico del Nacimiento de Venus de Itálica", *Habis*, 7, 1976, p. 333.

en la musivaria hispana y lo relacionan con el mosaico cosmológico de Mérida[83], de la misma época.

El tapiz principal presenta un gran octógono central rodeado por octógonos menores y rectángulos, cuyas representaciones refieren al episodio del nacimiento de la diosa con algunas intrusiones de otros temas. El interior del gran octógono se conserva muy precariamente, pero puede apreciarse a Venus, desnuda y nimbada, de pie o sentada y enmarcada por una concha que sostienen dos tritones. Junto a ella está Eros[84], representado como un joven en lugar del habitual niño. Las bandas de colores del cielo simbolizan el amanecer del día del nacimiento[85], y hay dos hombres, Urano y Crono[86], este último con su atributo, la hoz, en referencia a los genitales de su padre que al caer al mar originaron a Venus. Dentro de uno de los octógonos menores que rodean esta escena se halla la personificación de uno de los Vientos, siendo probable que los demás ocupa-

---

[83] *Ibídem*, p. 334.
[84] *Ibid*, p. 324.
[85] MAÑAS ROMERO, Irene: *Mosaicos romanos...*, op. cit., p. 75.
[86] CANTO Y DE GREGORIO, Alicia: "El mosaico..., op. cit., pp. 321-323.

sen los otros tres espacios, puesto que se relacionan con Venus en diversos aspectos como el de conducir a la diosa recién nacida hasta tierra. Las ninfas que aparecen en los rectángulos forman parte como los tritones del *thiasos* que acompañan a Venus en su viaje.

La alfombra secundaria está formada a partir de una retícula de trenzado en la que los cuadros tienen los lados curvos e interrumpidos por pequeños círculos. En estos aparecen los bustos de los siete planetas, con Venus presidiendo la composición como vimos en el Mosaico del Planetario, pero a diferencia de este aquí no se sigue la disposición circular habitual para este tema. Dentro de los cuadros hay cuadrados inscritos, que albergan a su vez a las estaciones del año personificadas por niños y a dos jinetes. Las Estaciones fueron las que recibieron a la diosa en tierra, dándole ropas y joyas. Los jinetes simbolizan la constelación de Géminis[87], que puede verse en el cielo al comienzo del verano, momento en el que los barcos podían salir a la mar. Si tenemos en cuenta que en la Antigüedad se consideraba a Venus como protectora de los navegantes, este tapiz

---

[87] MAÑAS ROMERO, Irene: *Mosaicos romanos...*, op. cit., p. 76.

evocaría la bóveda celeste representada en dicha época del año[88]. De esta manera, el mosaico en su conjunto supondría un himno en honor a Venus, en sus advocaciones marina (el tapiz principal) y estelar[89].

---

[88] *Ibídem*, p. 76.
[89] *Ibid*, p. 76.

ESCULTURA

La escultura es la manifestación artística más destacable en Itálica, en especial la llevada a cabo en época adrianea. Son numerosas las piezas que han llegado hasta nuestros días, la mayoría de ellas conservadas en el Museo Arqueológico de Sevilla[1], y su calidad logró alcanzar, en las fechadas en la primera mitad del siglo II, a la de las mejores creaciones realizadas en la propia Roma. De acuerdo con P. León[2], en Itálica encontramos estatuaria imperial, estatuaria icónica, escultura ideal, retratos y piezas ornamentales. Entre estos géneros destacan sobre todo "las estatuas imperiales y las creaciones clasicistas, preferentemente de nuevo cuño, junto con el retrato"[3]. Se dejan en un segundo término otras temáticas muy apreciadas en la escultura romana en general, algo que también podemos ver en el resto de la producción hispana.

Tanto de la época anterior a Adriano como de la posterior a él no contamos con demasiados restos escultóricos, una parquedad en la

---

[1] Una selección de ellas es lo que vamos a ver aquí, en adelante identificadas por su número de inventario en el museo (R.E.P, ITA).
[2] LEÓN ALONSO, Pilar: *Esculturas...*, op. cit.
[3] *Ibídem*, p. 11.

información que sigue la línea trazada hasta ahora en las demás artes italicenses. La actividad republicana no es significativa, dados los hallazgos hasta el momento, pero podemos decir que conjugan la tradición indígena con la romana. Al igual que hemos visto en el urbanismo y la arquitectura de la ciudad, el otro gran momento para la escultura, aparte del periodo adrianeo, es la época de Augusto. De aquellos años proceden las primeras estatuas italicenses realizadas en mármol, tanto de procedencia local[4] como importado[5], en las que ya podemos ver la colosalidad y la idealización que serán constantes en la escultura italicense, llegando a las mayores cotas en época adrianea. Las piezas que muestran estos dos caracteres se destinaron a las representaciones de la familia imperial, que se ubicaron principalmente en los ambientes del foro de la ciudad y el teatro, donde con ello la élite local les rendía homenaje.

Las características del arte de época augustea se prolongan en el tiempo, desarrollándose

---

[4] Especialmente de Almadén, en Sevilla. RODÁ DE LLANZA, Isabel: "Los mármoles..., op. cit., pp. 155-182.
[5] Procedentes de Paros, el monte Pentélico y Carrara. *Ibídem*, pp. 155-182.

a lo largo de los años en que gobierna esta dinastía, de la misma manera que veremos ocurre en Itálica con las creaciones realizadas en la primera mitad del siglo II, algunas fechadas ya bajo el gobierno de Antonino Pío. Tanto el estilo como la tipología de las esculturas de esta época están en consonancia con lo que por entonces se hacía en el arte oficial, en *Hispania* y en el resto del Imperio, dejando de lado la tradición indígena. Un ejemplo de ello es la utilización del tipo *Hüftmantel*[6], que se caracteriza por portar el personaje un manto en torno a la cadera, sujeto en un brazo, y estar apoyando su peso en una pierna, junto a la cual se dispone un grueso tronco de árbol. Lo mismo sucede con las tipologías de la escultura *thoracata*[7], en la que el personaje lleva una coraza decorada bellamente con relieves, que no servía para la lucha sino para distinguirlo como un triunfador jefe militar, y también los togados[8], en los que los representados

---

[6] R.E.P. 137.
[7] R.E.P. 104. En el ámbito internacional destaca la paradigmática obra del Augusto de Prima Porta, y en el hispano tenemos ejemplos como los de *Augusta Emerita*, números 950 y 1.113 del Museo Nacional de Arte Romano.
[8] R.E.P. 93.

aparecen vistiendo la toga, utilizada por ciudadanos romanos en todos los actos de su vida pública. También en la técnica encontramos paralelos con lo que se hacía en el arte oficial, como es el caso del ensamblaje de piezas[9]. Igualmente sucede respecto a la elección de buenos mármoles, que permitían acabados de gran finura. Todo esto nos indica la presencia en Itálica de escultores cualificados inmigrados, capaces de llevar a cabo estos trabajos, compaginada quizás con la importación de obras[10].

En estos momentos encontramos obras escultóricas de la mayoría de los géneros. Entre ellas podemos destacar, en primer lugar, un retrato femenino de principios de época augustea identificado como R.E.P. 395 (fig. 25). Parte de una estatua con manto sobre los hombros, representa a una dama cuyo nombre se desconoce, con un peinado tipo *nodus* y una belleza serena propia de estos años. Para los peinados,

---

[9] R.E.P. 137.
[10] LEÓN ALONSO, Pilar: *Esculturas...*, op. cit., p. 25. Al igual que hemos visto en la arquitectura italicense, existen diferencias de calidad en las piezas escultóricas de la ciudad que aluden a distintos niveles de preparación entre los artesanos. También encontramos obras mediocres del todo, pero son la minoría.

así como con el estilo del retrato, se seguían las modas creadas desde la familia imperial, a la que las capas altas de la sociedad romana pretendían emular, como podemos ver por ejemplo en representaciones de Livia[11], esposa de Augusto. Los rasgos de su rostro, de suaves formas, gran plasticidad y armonía, con una piel muy tersa, han sido tratados con un cuidado en la ejecución que contrasta con la labra algo tosca del cabello, que se ha representado esencialmente. Esta diferencia de calidades en una misma pieza, como veremos en otras (fig. 29) y hemos comentado en el apartado de la arquitectura[12], es característica constante en esta ciudad y en el tiempo, como algo propio de los talleres locales. Una manera de hacer deficiente técnicamente que concierne también a piezas completas, como la R.E.P. 144-2, realizada en esta misma dinastía, aunque hay que decir que son las menos dentro de la producción escultórica italicense.

---

[11] Un ejemplo es el retrato conservado en el Museo de Cádiz.
[12] Especialmente respecto a la decoración escultórica del *Traianeum*.

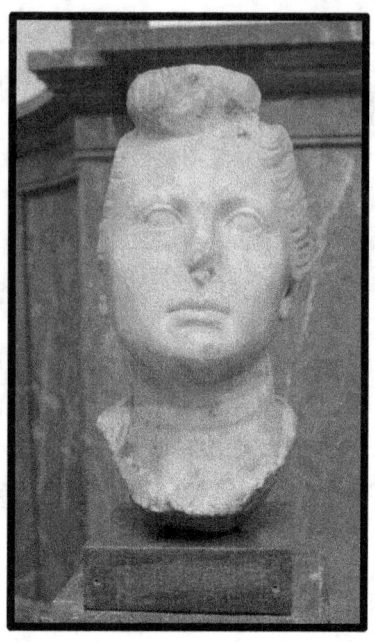

Fig. 25. Retrato de una dama

En cuanto a las piezas ornamentales, son representativas, por aludir a la primera fase de construcción del teatro, las tres aras (fig. 26) a las que se refiere la inscripción de la *orchestra*, colocadas allí en época de Tiberio[13]. Tienen forma cilíndrica, con el pie cuadrado, y presentan decoración en bajorrelieve referente al *thia-*

---

[13] JIMÉNEZ SANCHO, Álvaro: "Basa neoática", en LÓPEZ RODRÍGUEZ, José Ramón y BELTRÁN FORTES, José (eds.): *Itálica...*, op. cit., p. 51.

sos de Baco, divinidad frecuentemente relacionada con el teatro. Enmarcadas por una moldura superior y otra inferior, se disponen cuatro figuras danzantes de diseño uniforme y estandarizado[14], sin cohesión compositiva[15], que avanzan siguiendo una misma dirección o por parejas enfrentadas. Aunque se observan distintas calidades en la ejecución[16], el aspecto de las figuras responde a la plasticidad lineal que es propia del estilo del momento, destacando los paños con amplias zonas planas y pliegues resaltados dispuestos en ondas, así como cabellos de mechones rizados con leves surcos, todo ello representado con gran nitidez. El movimiento de las figuras es también conforme a los preceptos augusteos, con ademanes recatados. El valor decorativo de este tipo de piezas hizo que fueran muy demandadas en estos años, cuando su producción conoció su momento álgido.

---

[14] LEÓN ALONSO, Pilar: *Esculturas...*, op. cit., p. 152. Los motivos, tomados de modelos clásicos, se intercambiaron y combinaron entre sí, estableciendo tipos populares que se repetían una y otra vez.

[15] Es decir, se presentan las figuras aisladas, sin formar grupos.

[16] Intervinieron varias manos, como hemos visto en otros casos en Itálica.

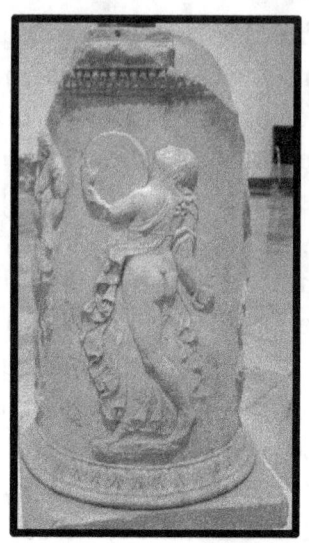
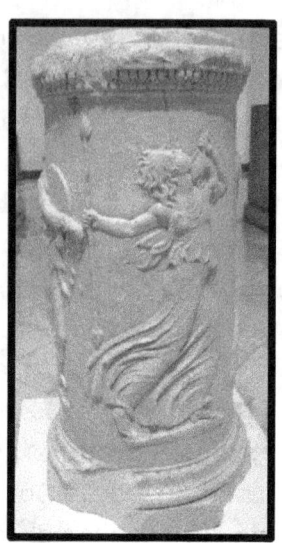
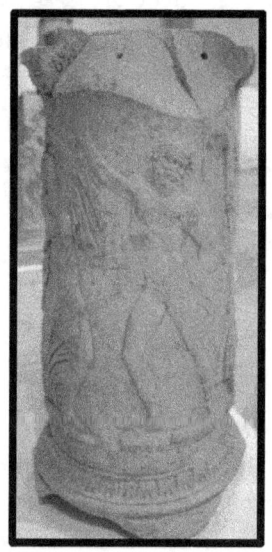

Fig. 26. Aras del teatro

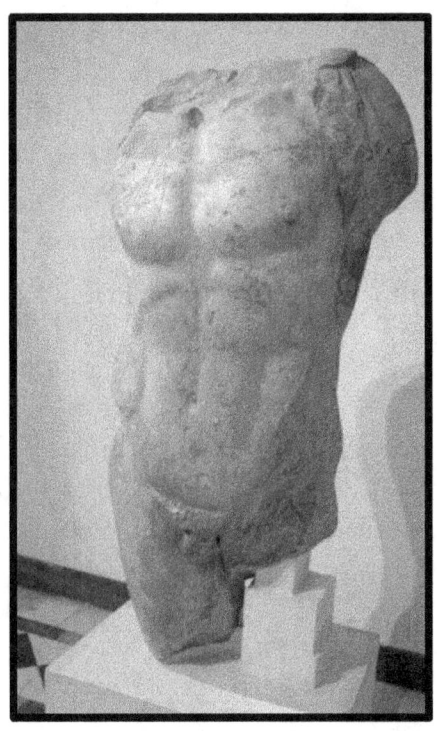

Fig. 27. Torso masculino colosal

En lo referente a la estatuaria imperial, tenemos la pieza R.E.P. 118 (fig. 27). Está fechada en época tiberiana y supone un claro ejemplo de la colosalidad y la idealización que hemos mencionado como constantes en la escultura italicense. Se trata de un torso masculino de tamaño colosal, con una altura de 1,49 metros, que formaba parte de la decoración del foro[17]. Aunque se encuentra muy deteriorado, muestra características derivadas de la escultura de Policleto, como son los amplios pectorales y los profundos pliegues inguinales, pero sobre todo la habitual postura de *contrapposto*. El modelo es aquí adaptado a dimensiones propias del formato, y además se le añadió una clámide sobre un hombro, cuyos pliegues cuentan con un relieve plano propio de estos momentos, como lo es asimismo el modelado escueto y seco. Esta manera de trabajar era la característica de los talleres de copistas de estos años, con la que buscaban representar de forma heroica sobre todo a la familia imperial.

De nuevo dentro del género del retrato, contamos con la obra R.E.P. 133, de época tiberiana-claudia, una cabeza colosal que representa al emperador Augusto (fig. 28). En Itálica encontramos más este tipo de retratos oficiales, idealizados[18], que particulares, dotados de un mayor realismo (fig. 29). Los emperadores solían aparecer bien como en este caso, divinizados, con traje militar[19], como jefe máximo de

---

[17] LEÓN ALONSO, Pilar: *Esculturas...*, op. cit., p. 36.
[18] La idealización de la fisonomía del gobernante tenía fines políticos, buscaba proyectar una imagen de fortaleza del poder.
[19] R.E.P. 151.

las legiones romanas, o bien togados, como pontífice máximo[20]. Aunque se advierten signos de vejez en su rostro, Augusto se muestra con el vigor propio de la juventud, enérgico, con el ceño fruncido, y al mismo tiempo sereno y confiado. Esta idealización que supone rejuvenecer los retratos oficiales era habitual en la provincia, al igual que sucede con la combinación de dos tipologías que muestra, puesto que, de acuerdo con D. Boschung, esta obra sigue el tipo del retrato MA 1.280 del Louvre pero influido por el tipo Alcudia[21]. Aunque en la obra italicense el tratamiento de cejas, fruncidas, ojos, redondos y grandes, y boca, de labios entreabiertos, difiere de ambos casos, siendo el característico de estos momentos más avanzados de la dinastía, como ejemplifican las piezas de *Leptis Magna* o Volterra[22]. En ellas apreciamos, además de estos rasgos, el mismo detallismo en las facciones del rostro y, haciendo contraste, la labra poco cuidada del cabello, con el flequillo a mechones biselados.

---

[20] R.E.P. 113.
[21] PÉREZ PAZ, Antonio: "Cabeza de escultura colosal de Augusto", en LÓPEZ RODRÍGUEZ, José Ramón y BELTRÁN FORTES, José (eds.): *Itálica...*, op. cit., p. 43.
[22] *Ibídem*, p. 43.

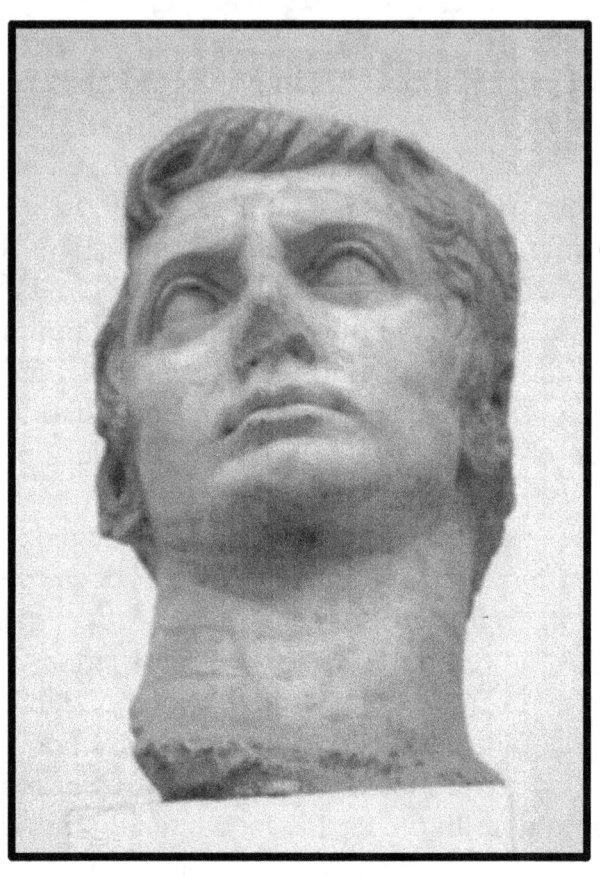

Fig. 28. Cabeza colosal de Augusto

De época flavia contamos con un ejemplar del género del retrato[23] que pertenecía a la decoración del foro[24]. Representa probablemente

---

[23] R.E.P. 152.
[24] LEÓN ALONSO, Pilar: *Esculturas...*, op. cit., p. 78.

a Vespasiano[25], pero realizado a partir de una obra anterior, como igualmente debieron de reaprovecharse por entonces los cuerpos de estatuas julio-claudias para sostener estos retratos oficiales[26]. Las reelaboraciones eran cosa habitual en el arte romano, tanto por razones económicas como de tipo ideológico[27], y en particular el procedimiento afecta a los rostros, puesto que los cuerpos podían ser utilizados sin intervenirlos al ser menos personales. En general, el retrato de época flavia acusa una menor idealización que las piezas julio-claudias y una mayor presencia de efectos de claroscuro.

Durante el gobierno de Trajano podemos destacar en escultura un excepcional retrato de un anciano[28] cuya identidad desconocemos, pero en cuyo rostro podemos ver una característica verruga que nos sirve para identificarlo (fig. 29). Lo destacaremos aquí, por su calidad

---

[25] BELTRÁN FORTES, José: "La escultura", en CABALLOS RUFINO, Antonio (ed.): *Itálica-Santiponce...*, op. cit., p. 119.
[26] GARRIGUET MATA, José Antonio: *La imagen del poder imperial en Hispania. Tipos estatuarios.* Murcia, 2001. Dada la ausencia de ejemplares en *Hispania*.
[27] En este último caso se podía querer borrar la memoria de un personaje, como sucedió con Nerón.
[28] R.E.P. 11.122.

artística, entre una serie de retratos del mismo tipo encontrados en la ciudad[29], que representan a ciudadanos romanos tal y como debieron de ser, sin idealizar su fisonomía como sí hemos visto que se hacía en los retratos oficiales. Esta manera de representar, más realista, proviene de la tradición etrusca de realizarle a los difuntos mascarillas de cera, las cuales conservaban sus rasgos faciales para luego ser transformadas en esculturas, destinadas al culto familiar de sus antepasados[30]. La pieza italicense muestra en sus facciones un gran realismo, manifiesto en la incorporación de detalles como las arrugas, que dividen la faz en tramos de piel de gran plasticidad, las ojeras o la presencia de esa verruga, el rasgo característico de esta pieza.

---

[29] Conservados la mayoría en el Museo Arqueológico de Sevilla.
[30] El culto a los antepasados era algo fundamental en la vida de los romanos, como reivindicación de las raíces de la familia de la que formaban parte, la *gens*, la cual daba sentido a su existencia como primer grupo social al que sentían pertenecer.

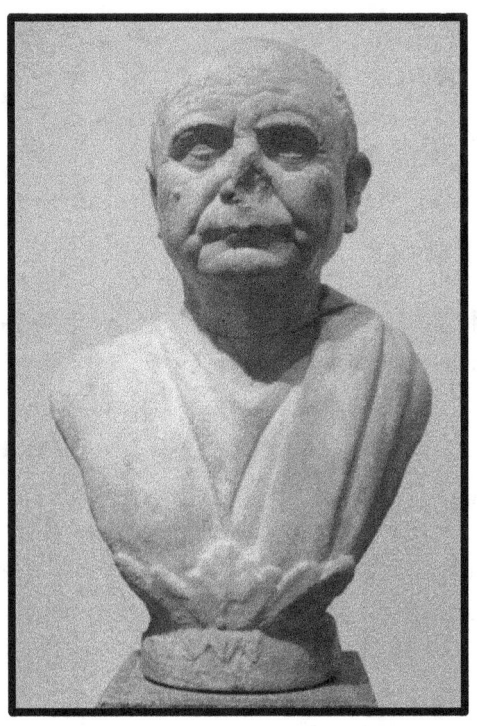

Fig. 29. Busto de anciano

Este realismo se combina con el tratamiento esquemático especialmente del cabello. Un retrato excelente, que logra transmitir, gracias a la viveza de los ojos y la forma de la boca, la personalidad del retratado además de su aspecto físico, pero que sin embargo se acompaña de una labra muy inferior tanto del busto como del pie.

El gran proceso de monumentalización que vivió Itálica con la llegada de la época adrianea trajo consigo, al igual que vimos con la arquitectura, una gran producción escultórica, la mayoría de una calidad excepcional en el ámbito hispano y en consonancia con las mejores piezas del momento. Entre estas creaciones destaca la escultura de temática ideal, con gran importancia del tema mitológico, y en menor medida la estatuaria imperial y el retrato. En ellas se aprecia ese gusto por lo colosal[31] y lo ideal que hemos visto en época augustea, pero aquí puesto al servicio de esculturas con un marcado carácter refinado y culto, en estrecha relación con otras piezas romanas realizadas en el oriente imperial. Una escultura de influencia helenística, como el resto de las manifestaciones artísticas de la ciudad en estos tiempos, que toma como referencia modelos de la época clásica.

---

[31] Destacan las esculturas de este formato, pero en Itálica también encontramos piezas de menores dimensiones, entre ellas algunas que versionan a las colosales como R.O.D. 1.897., que debieron ubicarse en ambientes más privados.

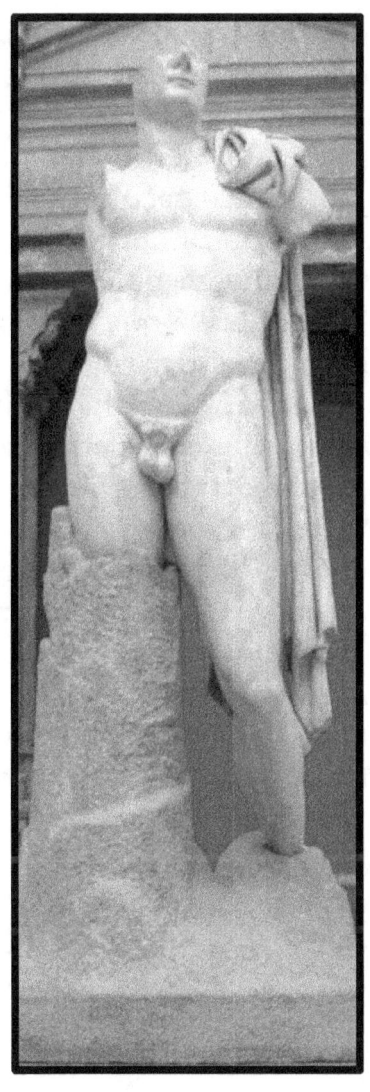

Fig. 30. Estatua heroica colosal de Trajano

De los rasgos principales del estilo adrianeo ya realizamos un comentario al respecto de la decoración arquitectónica del *Traianeum*, entre los que destaca el contraste entre plasticidad y colorido. En las esculturas, se combina la morbidez y la pureza lineal, y el mármol ha sido concienzudamente pulido, buscando dotar a la piel de un brillo que se oponga al claroscuro creado por el uso intenso del trépano en cabellos y paños. El mármol utilizado para llevar a cabo estas piezas es en su mayoría importado y de preferencia griego[32]. La mayor parte de las esculturas de esta época se han hallado en el área del teatro, en concreto su terraza superior, y en la ampliación adrianea, estas últimas quizás vinculadas, en lo que a las representaciones imperiales se refiere, a la decoración del *Traianeum*, pues muestran afinidad en formato y labra con los restos hallados en este edificio[33].

En el género de la estatuaria imperial destaca en primer lugar la bella estatua colosal

---

[32] RODÁ DE LLANZA, Isabel: "Los mármoles…, op. cit., pp. 155-182.
[33] LEÓN ALONSO, Pilar: *Esculturas*…, op. cit., pp. 23-24.

que representa al emperador Trajano divinizado, identificada en el museo como R.E.P. 95 (fig. 30) y perteneciente quizás a la decoración del Traianeum o, según J. Beltrán[34], del foro. Responde a la tipología del *Herrschertypus*[35], con orígenes tardoclásicos y utilizado en el arte romano, especialmente a partir de Augusto, para representar a personajes divinizados y con importantes triunfos militares, llevado a su cenit en época adrianea con piezas como esta que comentamos. Este tipo de representación queda definido por la combinación del género del retrato con cuerpos desnudos idealizados, mediante la cual se consigue ensalzar al gobernante y mostrar los rasgos más significativos de su personalidad y su mandato. En el caso italicense, aunque el rostro del emperador aparece truncado resulta suficiente para conocer su expresión, así como para reconocer a Trajano aunque sus rasgos hayan sido simplificados. Tanto en las posiciones corporales,

---

[34] BELTRÁN FORTES, José: "La escultura…, op. cit., p. 121.
[35] OJEDA NOGALES, David: "El Trajano…, op. cit., pp. 187-208. El tipo se crea a raíz del culto al gobernante que se inicia en la época helenística, cuando empiezan a destinarse estas representaciones a los poderosos. El mejor ejemplo es el Alejandro con lanza de Lisipo. El manto en el hombro aparece en época republicana.

como en su anatomía y en el tratamiento del manto, esta obra parece seguir el modelo de la estatua heroica dedicada a Adriano conservada en el Museo de Pérgamo[36]. Estaría pues influida por el estilo de los talleres asiáticos, que además habrían determinado la preferencia de una expresión patética, con la boca entreabierta, en detrimento de un correcto parecido con el rostro de Trajano[37].

También en el foro se hallaba un busto de Adriano con *thoracata*, la pieza R.E.P. 151 (fig. 31), que es una fiel copia de otro retrato de la época[38]. El peinado que presenta, de rizos enrollados, lo vincula a la tipología retratística adrianea *Rollockenfrisur*, modelo creado probablemente en el 119 d.C.[39]. Adriano está aparece vestido con traje militar, acentuándose su poder como jefe de las legiones romanas, aunque este aspecto no fue el más destacado de su gobierno a diferencia de lo que había sucedido

---

[36] LEÓN ALONSO, Pilar: *Esculturas...*, op. cit., p. 42. La obra italicense estaría pues influida por el estilo de los escultores asiáticos.
[37] LEÓN ALONSO, Pilar: *Esculturas...*, op. cit., p. 46.
[38] *Ibídem*, p. 80.
[39] OJEDA NOGALES, David: "Busto de Adriano en traje militar", en LÓPEZ RODRÍGUEZ, José Ramón y BELTRÁN FORTES, José (eds.): *Itálica...*, op. cit., p. 95.

con su padre adoptivo. En lo retratos adrianeos aparecen algunas novedades con respecto a retratos oficiales anteriores, como son el cabello más largo y con rizos abultados, los ojos que empiezan a tallarse interiormente y la moda de la barba, que perdurará durante toda la dinastía.

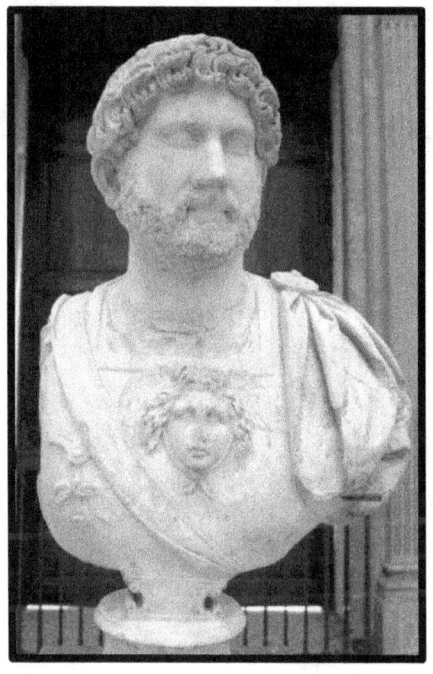

Fig. 31. Busto de Adriano

Vamos a ver a continuación una selección de extraordinarias esculturas ideales, todas de tema mitológico, que fueron halladas en la terraza superior del teatro. La primera de ellas se corresponde con Mercurio, el dios del comercio semejante al Hermes griego, señalado con la referencia R.E.P. 108 (fig. 32). Se representa desnudo, como era habitual, a excepción de una clámide sobre los hombros que le cae ondeante por la espalda. Porta sus características sandalias aladas, junto a las que vemos la lira hecha a partir de un caparazón de tortuga, sin otros elementos iconográficos propios del dios, que debió llevar pero que se han perdido, como son el *caduceus* en una mano y el Baco niño en la otra. Responde pues al modelo del Hermes *Dionysóphoros*, pero lejos de ser una mera copia de un original griego, es fruto de una creativa mezcla de influencias que, como veremos también en las siguientes dos obras, combina las formas clásicas (policléticas concretamente) con las propias del helenismo, y que hace difícil establecer paralelos[40].

Obra semejante, por proceder del mismo taller, es la estatua de Venus R.E.P. 5.396 (fig. 33), equivalente romano de la griega Afrodita.

---

[40] LEÓN ALONSO, Pilar: *Esculturas...*, op. cit., p. 106. La autora vincula esta pieza con obras alejandrinas de pequeño formato y otras obras de Perge.

Aparte del carácter culto y la creatividad que manifiesta, combinando modelos clásicos y tardoclásicos, el parecido con el Mercurio podemos apreciarlo también en el importante número de atributos de la diosa y en el atrevido movimiento que se imprime a la figura mediante la postura corporal y los paños. Dichos atributos (el delfín, el abanico) aluden a que Venus se representa justo tras su nacimiento, saliendo majestuosa del mar, de acuerdo con el tipo *Anadyomene*, sin ocultar su desnudez. Esta tipología no venía siendo la habitual, pues se preferían las versiones púdicas de la diosa, pero en época adrianea el sincretismo religioso y la asociación de Venus con la diosa fenicia Astarté permitieron la evocación de iconografías orientales.

La estatua de Diana R.E.P. 2.958 (fig. 34), diosa de los partos y la caza equiparable con la Artemis griega, se halló junto a algunos capiteles, basas y fustes que actualmente forman un orden arquitectónico que se expone enmarcado a la diosa. Esta fue la diosa romana cuyo culto estuvo más extendido en *Hispania* así como una de las deidades preferidas por Adriano. La representación se vincula al tipo Sevilla-Palatino, del cual se conservan cinco réplicas de las que dos son italicenses[41], siendo estas las versiones más reproducidas de Diana en época imperial, y la que comentamos la más próxima al original helenístico del que parten[42]. En ella se advierte una acertada combinación de dinamismo y estatismo, con el movimiento que especialmente imprimen el brazo derecho alzado y el giro de la cabeza mirando hacia este. Peinada con el pelo ondulado recogido en un moño bajo y coronada por una diadema alta, viste un *chiton*[43] corto y un manto en torno a la cintura, con numerosos detalles, como las cabezas de felino en las botas, que muestran pese a su carácter accesorio la misma plasticidad que el resto de la figura. Como hemos visto en las dos obras anteriores, sus dimensiones le hicieron necesitar un apoyo, aquí, como con Mercurio, materializado en forma de tronco, el cual se ha decorado con una piel de cabra en alusión a la caza. Su complexión robusta, su vestimenta y su actitud la

---

[41] La otra pieza es R.E.P. 100. Se trata de una versión más clasicista, más estática, modificación del modelo que según M. Bieber se produjo en época imperial.
[42] LEÓN ALONSO, Pilar: *Esculturas...*, op. cit., p. 126.
[43] Vestimenta de la antigua Grecia, que las mujeres solían portar en su versión larga. La versión corta es más apropiada para las actividades deportivas o bélicas (como la caza), razón por la que por ejemplo las amazonas aparecen representadas con ella.

alejan de la sensualidad que transmite el cuerpo de la Venus, en clara relación con la condición virginal de Diana, pero ambas diosas logran imponerse sobre el espectador, la primera al lucirse y la segunda con su fuerza.

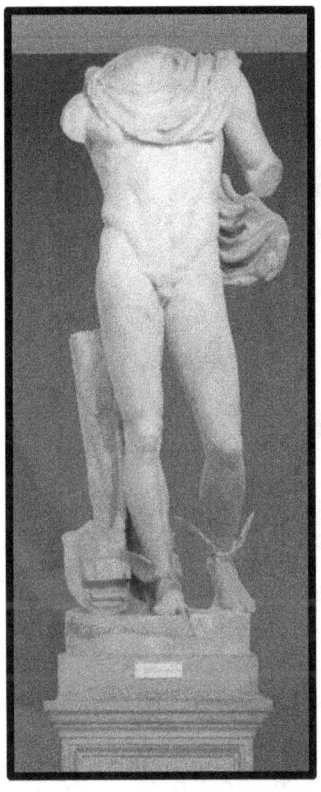 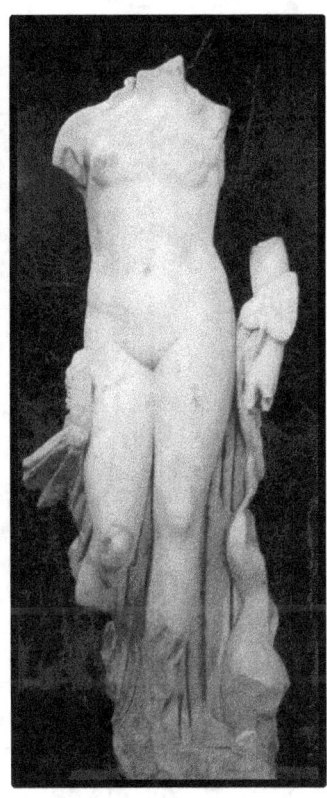

Fig. 32 (izquierda). Estatua de Mercurio
Fig. 33 (derecha). Estatua de Venus

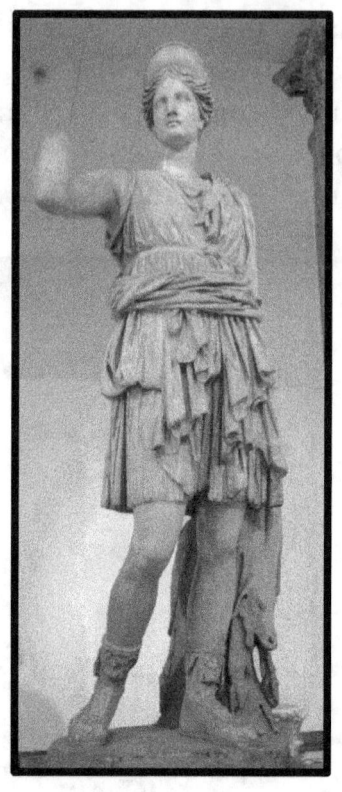

Fig. 34. Estatua de Diana

La cabeza de *Tyche* es una obra emblemática de Itálica (fig. 35), R.E.P. 26.003. Representa a la diosa *Tyche*-Fortuna, protectora de la ciudad, dadas la alta diadema y la corona con forma de torre que porta (ésta última en referencia a la muralla). De acuerdo con el modelo del que partiría, creado en el siglo IV a.C.[44], el cual ha sido muy replicado[45], estando completa podría haber llevado la cornucopia y el timón, símbolos ambos de la buena fortuna. Destacan por un lado el trabajo de trépano del cabello y de la boca, y por otro el claroscuro creado con las profundas cuencas de los ojos, ambos rasgos que ligan esta pieza con el estilo adrianeo. El peinado sitúa la cronología a finales de esta época, pudiéndose relacionar con otras obras como las *Korai* de Villa Adriana, vista la forma en que los mechones de pelo se han dispuesto, como tiras con tendencia horizontal que se destacan del cráneo y que presentan entre ellas profundas hendiduras. Su rostro idealizado remite al concepto que los romanos tenían de la ciudad respecto a lo que había más allá de sus murallas[46], de lo que se deduce que esta obra vendría a exaltar una comunidad en la que había nacido el emperador Trajano.

---

[44] Una de las más significativas representaciones clásicas de este tipo es la que realizó Eutíquides, gran discípulo de Lisipo, para la ciudad de Antioquía.

[45] Muy notable es el paralelo con la pieza de la colección Sambon de París, dado que comparten la misma tipología, tanto en los rasgos del rostro como en el peinado y los atributos.

[46] Ya vimos este concepto en el apartado de urbanismo.

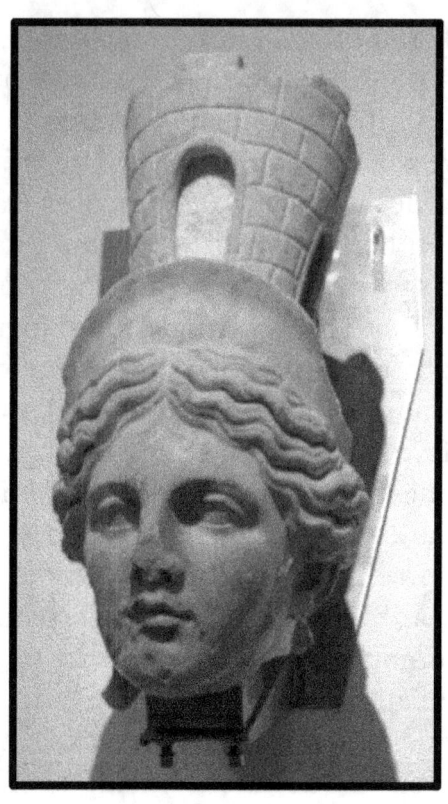

Fig. 35. Cabeza de Tyche

Finalizaremos el periodo adrianeo con la pieza R.E.P. 150-1, una cabeza de Alejandro[47] hallada en el foro de la ciudad (fig. 36). La ubicación en Itálica de esta representación tiene

---

[47] GARCÍA Y BELLIDO, Antonio: *Esculturas...*, op. cit., pp. 8-9.

todo el sentido si recordamos que Alejandro fue un héroe conquistador que fundó numerosas ciudades, en clara vinculación con las figuras de Trajano y Adriano. Está representado joven y con una hermosa cabellera de rizos en la que destaca el trabajo de trépano, propio del estilo, como podemos ver por ejemplo en retratos de Antinoo. Es semejante a otros muchos retratos de este gobernante, que se reconoce sobre todo por el peinado, recogido con una cinta que es símbolo de poder real, las profundas cuencas de los ojos y el patético giro de cabeza, pero aquí se han introducido una serie de variantes, como hemos venido viendo en anteriores obras, logrando con ello un resultado original a la par que bello. Estas variantes, trabajadas a partir del retrato idealizado de Alejandro-Helios que se realizaba en la época, como por ejemplo la pieza de los Museos Capitolinos, se centran en un rostro más delgado y en el cabello, más corto y con los rizos tratados de manera distinta.

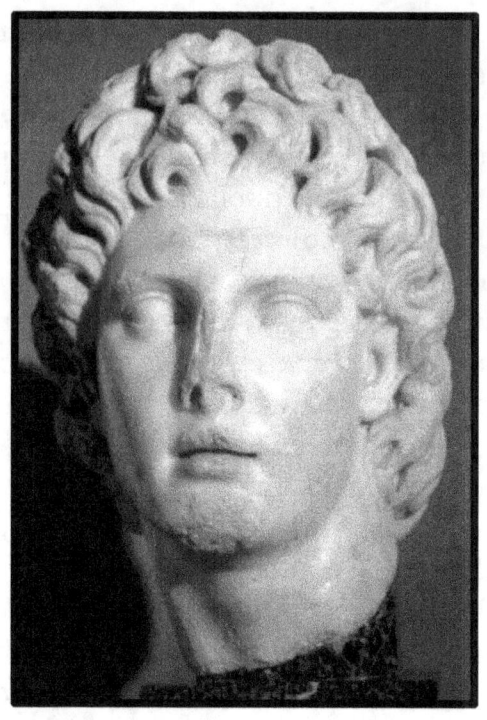

Fig. 36. Cabeza de Alejandro

A partir del siglo III la escultura italicense desciende notablemente su número. Aún sin abandonar el uso del mármol, la situación económica condujo a la reutilización de piezas, a diferencia de las creaciones *ex novo* que hemos visto en el periodo adrianeo. Un ejemplo de esta situación, de época severiana, son las dos estatuas de togados que se convirtieron en surtidores de agua para el teatro[48] (fig. 37). Ubicadas sobre el muro del *proscaenium*, representan ninfas dormidas y con una mano apoyada en un cántaro del que manaba agua. Dicha localización era cosa habitual en los teatros romanos para las estatuas-fuente, aunque normalmente se colocaban Silenos. La iconografía aquí utilizada se denomina Ninfa *Virunum*, nombre de la localidad en la que apareció la pieza que actúa de tipo, sobre el que se realizaron diversas variaciones en la reclinación corporal. Utilizadas con frecuencia en fuentes y ninfeos[49], el modelo tiene sus orígenes en una pieza helenística que decoraba una fuente en la ciudad de Magnesia, una Ménade dormida, figura asimismo vinculada con el dios Baco, como los silenos también, de la misma manera que vimos con respecto a las aras tardoaugusteas. El hecho de que aparezca dormida, además, conecta la figura con el mito que cuenta cómo este dios encontró a su amada Ariadna, abandonada por Teseo en una playa de la isla de Nexos.

---

[48] LOZA AZUAGA, María Luisa: "El agua en los teatros hispanorromanos: Elementos escultóricos", *Habis*, 25, pp. 263-283.
[49] Como ocurre con la pieza adrianea R.E.P. 105.

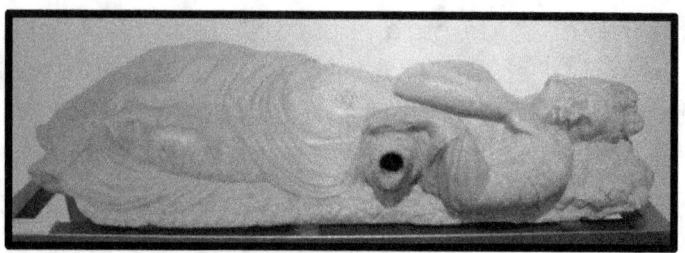

Fig. 37. Ninfa dormida

A esta misma época severiana corresponde el cuarto ara que fue hallada en el teatro, como parte asimismo de la remodelación que recibió el edificio en aquellos momentos (ITA0127). No es cilíndrica como las otras, sino que cuenta con seis caras, con representaciones diversas. En cuatro de sus caras se hallan retratados los donantes, un matrimonio y su hijo, representados como estatuas de bulto redondo dispuestas en pedestales, y están acompañados de una inscripción que testimonia la donación: "ofreció como presente dos columnas caristias, un arquitrabe con una reja de bronce y un ara"[50].

Además de las reelaboraciones, perpetuadas

---

[50] CABALLOS RUFINO, Antonio, MARÍN FATUARTE, José y RODRÍGUEZ HIDALGO, José Manuel: *Itálica...*, op. cit., p. 97.

en época tetrárquica[51], se continuaron realizando obras de estatuaria imperial, como nos indican los pedestales del foro destinados a soportar representaciones de los emperadores Floriano, Probo y Caro. También se hacían retratos, como el de la pieza R.O.D. 6.906 (fig. 38), un desconocido que reúne en sus rasgos y cabellos las características propias de los comienzos de la Tetrarquía. Así vemos en él la tendencia a la esquematización, contraria al clasicismo del siglo II, que irá alejando a las representaciones de los gobernantes de la sociedad y culminará, en el siglo IV, en los retratos dedicados a Constantino, preconizando la escultura bizantina. El volumen cúbico de la cabeza y el trabajo del cabello, de contorno ondulante, reducido a surcos leves, sin trépano, al igual que la barba, junto con la expresión tensa y la larga arruga de la frente, son rasgos todos ellos propios de los retratos de inicios de época tetrárquica[52], que tienden al realismo y la expresividad por medio de una disminución en la plasticidad del modelado.

---

[51] Por ejemplo, la pieza R.E.P. 113, cuya cabeza fue reelaborada a finales del siglo III a partir de una escultura tardoadrianea.
[52] Como la cabeza 769 de la Gliptoteca Ny Carlsberg.

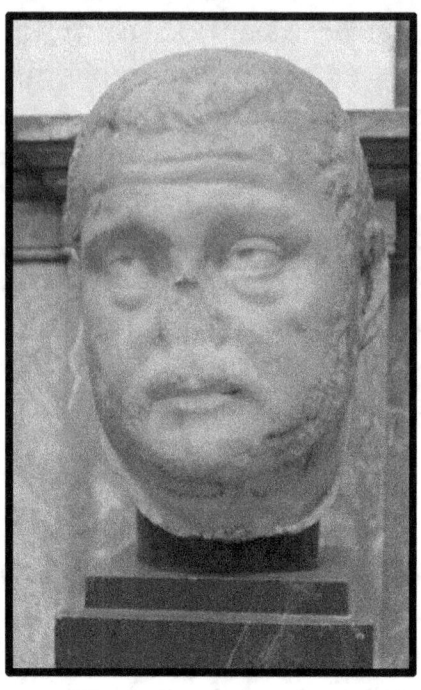

Fig. 38. Retrato de desconocido

La decadencia que reflejan las reutilizaciones, llevadas a cabo a lo largo de todo el siglo III, culminó en la falta de restos escultóricos de relevancia artística que, en Itálica, hallamos de las épocas tardoantigua y visigoda, restos fundamentalmente vinculados al ámbito funerario[53].

---

[53] Un ejemplo es el fragmento de sarcófago cristiano R.E.P. 223-39, tipo marmóreo propio del momento.

BIBLIOGRAFÍA

- ABAD CASAL, Lorenzo: "Pintura romana en Itálica", *Crónica del XIII Congreso Arqueológico Nacional*. Zaragoza, 1975, pp. 883-888.
- AMORES CARREDANO, Fernando: "Pavimentos de Opus signinum en Itálica", *Habis*, 17, 1986, pp. 549-564.
- AMORES CARREDANO, Fernando y BELTRÁN FORTES, José (eds.): *Itálica, 1912-2012: centenario de la declaración como monumento nacional*. Sevilla, 2012.
- APIANO: *Las guerras ibéricas*. Valencia, 1882.
- BELTRÁN FORTES, José: "Los fondos italicenses del Museo Arqueológico de Sevilla", *Itálica en el Museo Arqueológico de Sevilla: catálogo de la exposición*. Sevilla, 1995, pp. 37-55.

— "La colección arqueológica de la Casa Lebrija en Sevilla: la condesa Regla Manjón (1851-1938) e Itálica en los inicios del siglo XX", *Mus-A*, 7, 2006, pp. 106-110.

— "Esculturas de Itálica aparecidas en el siglo XVIII", *SPAL*, 17, 2008, pp. 47-60.

— "Itálica en época adrianea", en GONZÁLEZ FERNÁNDEZ, Julián y PAVÓN TORREJÓN, Pilar (eds.): *Adriano emperador de Roma*. Roma, 2009, pp. 27-47.

▶ BELTRÁN FORTES, José y RODRÍGUEZ HIDALGO, José Manuel: *Espacios de culto en el anfiteatro de Itálica*. Sevilla, 2004.

▶ BENDALA GALÁN, Manuel: "Un templo en Itálica de época republicana", *Crónica del XIII Congreso Arqueológico Nacional*. Zaragoza, 1975, pp. 861-868.

▶ BLANCO FREIJEIRO, Antonio: "Sobre la Venus de Itálica", *AEspA*, 24, 1951, pp. 222-223.

— *Mosaicos romanos de Itálica (I): mosaicos conservados en colecciones públicas y particulares de la ciudad de Sevilla*. Madrid, 1978.

— "La Itálica de Trajano y Adriano", *EAE*, 121, 1982, pp. 291-298.

▶ BLANCO FREIJEIRO, Antonio y LUZÓN NOGUÉ, José María: *El mosaico de Neptuno en Itálica*. Sevilla, 1974.

▶ CABALLOS RUFINO, Antonio: *Itálica y los italicenses: aproximación a su historia*. Sevilla, 1994.

▶ CABALLOS RUFINO, Antonio (ed.): *Itálica-Santiponce. Municipium y Colonia Aelia Augusta Italicensium*. Roma, 2010.

▶ CABALLOS RUFINO, Antonio y LEÓN ALONSO, Pilar (eds.): *Itálica MMCC. Actas*

de las Jornadas del 2.200 Aniversario de la Fundación de Itálica. Sevilla, 1997.
▶ CABALLOS RUFINO, Antonio, MARÍN FATUARTE, José y RODRÍGUEZ HIDALGO, José Manuel: *Itálica arqueológica*. Madrid, 2006.
▶ CANTO Y DE GREGORIO, Alicia: "El mosaico del Nacimiento de Venus de Itálica", *Habis*, 7, 1976, pp. 293-338.
— "El acueducto romano de Itálica", *MM*, 20, 1979, pp. 282-338.
— "Excavaciones en el Pradillo (Itálica): un barrio tardío", *EAE*, 121, 1982, pp. 236.
— "Némesis y la localización del circo de Itálica", *BSAA*, 52, 1986, pp. 47-81.
— "Algo más sobre Marcelo, Corduba y las colonias romanas del año 45 a.C.", *Gerión*, 15, 1997.
— "La *Vetus Urbs* de Itálica, quince años después. La planta hipodámica de D. Demetrio de los Ríos, y otras novedades", *Cuadernos de Prehistoria y Arqueología*, 25.2, 1999, pp. 145-191.
▶ CARRILLO DÍAZ, José Ramón: "El peristilo rodio: ¿un modelo helenístico en la arquitectura doméstica de Itálica? I", *Romula*, 7, 2008, pp. 83-114.

- CELESTINO ANGULO, Sonsoles: "Mosaicos perdidos de Itálica", *Habis*, 8, 1977, pp. 359-384.
- CORZO SÁNCHEZ, Ramón: "Organización del territorio y evolución urbana en Itálica", *EAE*, 121, 1982, pp. 299-319.
  — *El teatro de Itálica*. Sevilla, 1990.
  — "Isis en el teatro de Itálica", *Boletín de Bellas Artes*, 19, 1991, pp.123-148.
  — "El teatro de Itálica", *Cuadernos de arquitectura romana*, 2, 1993, pp. 157-171.
  — "El anfiteatro de Itálica", en ÁLVAREZ MARTÍNEZ, José María y ENRÍQUEZ NAVASCUÉS, Juan Javier (coords.): *El Anfiteatro en la Hispania Romana*. Mérida, 1994, pp. 187-212.
  — "La fundación de Itálica y su desarrollo urbanístico", en JIMÉNEZ SALVADOR, José Luis y RIBERA I LACOMBA, Albert (coords.): *Valencia y las primeras ciudades romanas de Hispania*. Valencia, 2002, pp. 123-135.
- FERNÁNDEZ-CHICARRO, Concepción: *Catálogo del Museo Arqueológico de Sevilla*. Sevilla, 2005.

- GALI LASSALETTA, Aurelio: *Historia de Itálica, municipio y colonia romana.* Sevilla, 2001.
- GARCÍA ENTERO, Virginia y HIDALGO PRIETO, Rafael: "Casa de la Exedra, Itálica (Santiponce, Sevilla)", en RODRÍGUEZ GUTIÉRREZ, Oliva, TRAN, Nicolas y SOLER HUERTAS, Begoña (coords.): *Los espacios de reunión de las Asociaciones Romanas.* Sevilla, 2016.
- GARCÍA Y BELLIDO, Antonio: *Esculturas romanas de España y Portugal.* Madrid, 1949.
  — *Colonia Aelia Augusta Italica.* Madrid, 1960.
- GIL DE LOS REYES, María Soledad y PÉREZ PAZ, Antonio: "La cultura del agua. Una nueva interpretación de las termas de Trajano", *Mus-A*, 0, 2002, pp. 116-119.
  — *Itálica: guía oficial del conjunto arqueológico.* Sevilla, 2005.
- GÓMEZ ARAUJO, Loreto: "Una nueva interpretación sobre las Termas Mayores de Itálica", *Romula*, 7, 2008, pp. 53-82.
- HIDALGO PRIETO, Rafael: "En torno a la imagen urbana de Itálica", *Romula*, 2, 2003, pp. 89-126.

- JARAMILLO MORILLA, Antonio, DE JUSTO ALPAÑÉS, José Luis y ROMERO HÉRNANDEZ, Rocío: "Cimentaciones y construcciones en arcillas expansivas: de la Itálica romana al PP-1 de Santiponce (Sevilla), en GRACIANI, Amparo (coord.): *Actas del Tercer Congreso Nacional de Historia de la construcción*. V. 1. Sevilla, 2000, pp. 537-544.
- JIMÉNEZ SANCHO, Álvaro: "Itálica, la red de alcantarillado", en REMOLÀ VALLVERDÙ, Josep Anton y ACERO PÉREZ, Jesús (coords.): *La gestión de los residuos urbanos en Hispania*. Mérida, 2011, pp. 145-154.
- JIMÉNEZ SANCHO, Álvaro y PECERO ESPÍN, Juan Carlos: "El teatro de Itálica. Avance de resultados de la campaña 2009", en BERNAL CASASOLA, Darío y ARÉVALO GONZÁLEZ, Alicia (coords.): *El Theatrum Balbi de Gades*. Cádiz, 2011, pp. 373-385.
- LEÓN ALONSO, Pilar: "Notas sobre la técnica edilicia en Itálica", *AEspA*, 50-51, 1977-78, pp. 143-164.
    — "La zona monumental de la Nova Urbs", *EAE*, 121, 1982, pp. 97-132.
    — *Traianeum de Itálica*. Sevilla, 1988.
    — "Las ruinas de Itálica: una estampa arqueológica de prestigio", en GASCÓ LA

CALLE, Fernando, BELTRÁN, José Luis y SARACHO VILLALOBOS, José Tomás (eds.): *La Antigüedad como argumento*. Sevilla, 1993, pp. 29-62.

— *Esculturas de Itálica*. Sevilla, 1995.

— "El Traianeum de Itálica", en ARCE, Javier, ENSOLI, Serena y LA ROCCA, Eugenio: *Hispania Romana: desde tierra de conquista a provincia del Imperio*. Madrid, 1997, pp. 176-180.

— *Retratos romanos de la Bética*. Sevilla, 2001.

— "La Itálica adrianea", en CORTÉS COPETE, José Manuel y MUÑIZ GRIJALVO, Elena (eds.): *Adriano Augusto*. Sevilla, 2004, pp. 125-138.

▶ LÓPEZ RODRÍGUEZ, José Ramón y BELTRÁN FORTES, José (eds.): *Itálica, cien años, cien piezas: conmemoración del centenario de la declaración de las Ruinas de Itálica como Monumento Nacional*. Sevilla, 2014.

▶ LUZÓN NOGUÉ, José María: *Breve guía para una visita a las ruinas de Itálica*. Sevilla, 1970.

— "Mosaico de Tellus en Itálica", *Habis*, 3, 1972, pp. 291-296.

— *La Itálica de Adriano*. Sevilla, 1975.

— "Consideraciones sobre la urbanística de la ciudad nueva de Itálica", *EAE*, 121, 1982, pp. 75-95.

— "El teatro romano de Itálica", *Actas del Simposio El teatro en la Hispania Romana*. Badajoz, 1982, pp. 183-201.

— *Sevilla la Vieja. Un paseo histórico por las ruinas de Itálica*. Sevilla, 1999.

— "Itálica: una visión historiográfica", en https://www.march.es/conferencias/anteriores/voz.aspx?p1=100335 (Consultado el 25-02-2017).

► LUZÓN NOGUÉ, José María y MAÑAS ROMERO, Irene: "El agua en Itálica: soluciones hídricas y abastecimiento de la ciudad", en MANGAS, Julio y MARTÍNEZ CABALLERO, Santiago (eds.): *El agua y las ciudades romanas*. Madrid, 2007, pp. 237-256.

► MANJÓN MERGELINA, Regla: "El mejor mosaico de Itálica", *BRAH*, 67, 1915, pp. 235-242.

► MAÑAS ROMERO, Irene: "El mosaico italicense de Hylas", *Romula*, 3, 2004, pp. 103-125.

— *Mosaicos romanos de Itálica (II): mosaicos contextualizados y apéndice*. Madrid, 2011.

— "Mosaicos italicenses: modelos itálicos y reinterpretaciones locales", en HIDALGO PRIETO, Rafael y LEÓN ALONSO, Pilar (coords.): *Roma, Tibur, Baetica: investigaciones adrianeas*. Sevilla, 2013, pp. 351-368.

▶ MARÍN DÍAZ, María Amalia: "La emigración itálica a Hispania en el siglo II a.C.", *Studia historica. Historia antigua*, 4-5, 1986-1987, pp. 53-63.

▶ MATUTE Y GAVIRIA, Justino: *Bosquejo de Itálica o apuntes que juntaba para su historia*. Sevilla, 1994.

▶ OJEDA NOGALES, David: "El Trajano de Itálica y el *Herrschertypus*", *Romula*, 7, 2008, pp. 187-208.

▶ ORIA SEGURA, María de las Mercedes: "Diana en Itálica: una hipótesis", *Faventia*, 21. 2, 1999, pp. 85-93.

▶ PEÑA JURADO, Antonio: "Imitaciones del Forum Augustum en Hispania: el ejemplo de Itálica", *Romula*, 4, 2005, pp. 137-162.

▶ RÍOS, Demetrio de los: *Memoria arqueológico-descriptiva del anfiteatro de Itálica, acompañada del plano y restauración del mismo edificio*. Sevilla, 2002.

▶ RODERO PÉREZ, Santiago: "Algunos aspectos de la decoración arquitectónica del

Traianeum de Itálica", *Romula*, 1, 2002, pp. 75-106.
- RODRÍGUEZ GUTIÉRREZ, Oliva: "La scaenae frons del teatro de Itálica. Ensayo de anaparástasis a través de sus elementos arquitectónicos", *AEspA*, 73, 2000, pp. 121-146.
  — "La proedria del teatro romano de Itálica (Santiponce-Sevilla): mármol al servicio de las élites", *Zephyrus*, 56, 2003, pp. 155-181.
  — *El teatro romano de Itálica: estudio arqueoarquitectónico*. Madrid, 2004.
  — "Los marmora en el programa arquitectónico y decorativo del teatro romano de Itálica: antiguas hipótesis, nuevas propuestas y posibles certezas a la luz de las aportaciones de los análisis de microscopía óptica de polarización", en NOGALES BASARRATE, Trinidad (ed.): *Marmora hispana: explotación y uso de los materiales pétreos en la Hispania romana*. Roma, 2008, pp. 231-259.
- RODRÍGUEZ GUTIERREZ, Oliva y GARCÍA FERNÁNDEZ, Francisco José: "Itálica, la fundación de Publio Cornelio Escipión Africano en el corazón de la Hispania púnica", en BENDALA GALÁN, Manuel (coord.): *Los*

Escipiones: Roma conquista Hispania. Madrid, 2015, pp. 223-243.
- RODRÍGUEZ HIDALGO, José Manuel: "Reflexiones en torno a la Itálica de Adriano", *Habis*, 18-19, 1987-1988, pp. 583-590.
  — "Dos ejemplos domésticos en Traianópolis: las Casas de los Pájaros y de la Exedra", *La casa urbana hispanorromana*, Zaragoza, 1991, pp. 291-302.
- ROLDÁN GÓMEZ, Lourdes: *Técnicas constructivas romanas en Itálica (Santiponce, Sevilla)*. Madrid, 1993.
  — "El anfiteatro de Itálica. Técnicas y materiales de construcción", en ÁLVAREZ MARTÍNEZ, José María y ENRÍQUEZ NAVASCUÉS, Juan Javier (coords.): *El Anfiteatro en la Hispania Romana*. Mérida, 1994, pp. 213-238.
- RUEDA ROIGÉ, Francesc-Josep: "El mosaico de las estaciones de la casa de Hilas, en Itálica. Nueva interpretación iconográfica", *Locus Amoenus*, 6, 2003, pp. 7-20.
- SAN MARTÍN MONTILLA, Concepción: "El mercurio de Itálica", *Tendencias del mercado del arte*, 63, 2013, pp. 43-44.
- TEJEDOR CABRERA, Antonio (coord.): *Itálica. Tiempo y paisaje*. Sevilla, 2013.

▶ ZEVALLOS, Fernando de: *La Itálica*. Sevilla, 1983.

www.ingramcontent.com/pod-product-compliance
Lightning Source LLC
Chambersburg PA
CBHW071403210526
45465CB00001B/234